重庆工商大学"资本市场财务与会计研……

本专著为国家社科基金"货币政策、融资约束……企业R&D投资……（批准号：14BJY083）的最终成果

货币政策、融资约束与企业R&D投资行为

刘胜强 ◎ 著

中国财经出版传媒集团

经济科学出版社

Economic Science Press

图书在版编目（CIP）数据

货币政策、融资约束与企业 R&D 投资行为/刘胜强著．
—北京：经济科学出版社，2020.11
（资本市场会计研究丛书）
ISBN 978 - 7 - 5218 - 2076 - 8

Ⅰ.①货…　Ⅱ.①刘…　Ⅲ.①货币政策 - 研究 -
中国②融资 - 研究 - 中国③公司 - 投资 - 研究 - 中国
Ⅳ.①F822.0②F832.48③F279.246

中国版本图书馆 CIP 数据核字（2020）第 222496 号

责任编辑：孙丽丽　撖晓宇
责任校对：刘　昕
版式设计：陈宇琰
责任印制：李　鹏　范　艳

货币政策、融资约束与企业 R&D 投资行为

刘胜强　著

经济科学出版社出版、发行　新华书店经销
社址：北京市海淀区阜成路甲 28 号　邮编：100142
总编部电话：010 - 88191217　发行部电话：010 - 88191522
网址：www. esp. com. cn
电子邮箱：esp@ esp. com. cn
天猫网店：经济科学出版社旗舰店
网址：http：//jjkxcbs. tmall. com
北京季蜂印刷有限公司印装
710 × 1000　16 开　13.75 印张　200000 字
2020 年 11 月第 1 版　2020 年 11 月第 1 次印刷
ISBN 978 - 7 - 5218 - 2076 - 8　定价：55.00 元

中文摘要

　　随着全球化竞争的日趋激烈，创新对于一个国家和企业的重要性，似乎任何时候都没有像今天这样在全世界范围内达成高度共识。世界各国政府和企业都意识到，要想在未来的国际竞争中能够处于不败之地，就必须加大技术创新。也正因为如此，影响企业技术创新的研发（Research and Development，R&D）投资行为，已经或正在成为一个国家和企业的战略性投资决策行为。习近平总书记在中国共产党第十九次全国代表大会上强调："要大力实施创新驱动发展战略，努力把我国建成世界主要科学中心和创新高地，为此，要增加研发投入，加强对科技创新的支持力度。"近年来，尽管我国企业 R&D 投资增长很快，但到 2018 年底，我国企业 R&D 投资强度（R&D 投资占销售收入之比）也仅为 2%，刚刚达到国际上公认的基本生存线水平。

　　R&D 投资具有投资金额大、投资周期长、投资风险高等特点，R&D 投资主要形成的是无形资产，无法通过实物抵押的形式向申请银行贷款，这就导致企业 R&D 投资存在较大的融资约束。

　　货币政策是中央银行通过各种手段去控制和调节一个国家的货币供应量和信用量，从而达到稳定物价、调整就业等具有特定经济目标的一系列规范性措施的总和。近几年，我国经济下行压力较大，中央银行的货币政策把促进企业 R&D 投入、实现技术创新和产业升级转型作为首要目标，货币政策由稳健趋适度宽松，不断向市场释放流动性，同时借助其他配套政策，确保这些货币能流向实体经济，降低企业 R&D 投资所面临的融资约束。

　　因此，一个值得深入思考和研究的问题是，宏观货币政策是否影响微观企业 R&D 投资行为？宏观货币政策如何影响企业 R&D 投资行为？融资约束在货币政策对企业 R&D 投资的影响中承担什么角色？本书拟以 2008～2018 年的宏观货币政策数据和中国上市公司的财务数据为基础，从宏观、微观两个层面分析货币政策、融资约束与企业 R&D 投资之间的关系，期望能对相关政策制定者提供一些建设性的政策建议。

本课题由 7 章构成，各章节具体安排如下：

第 1 章：绪论。本章首先介绍本书的选题背景和研究意义，其次介绍本书的研究思路和框架结构安排，接着介绍本书的主要研究方法，最后是本书的研究特色及创新之处。

第 2 章：相关概念与文献综述。本章首先介绍货币政策、融资约束和企业 R&D 投资等基本概念，并从货币银行学、制度经济学、创新经济学等角度系统分析各概念的特点分类等。其次对国内外关于货币政策、融资约束和企业 R&D 投资三者关系的研究文献进行系统梳理。具体而言，先梳理融资约束与企业 R&D 投资的文献，再梳理货币政策与融资约束的文献，最后梳理三者之间关系的文献综述，为后面的实证研究提供文献支持。

第 3 章：货币政策、融资约束与企业 R&D 投资三者关系的相关理论分析。为了与上一章保持一致，本章首先介绍货币政策对企业 R&D 投资的影响相关理论，其次介绍融资约束对企业 R&D 投资的影响相关理论，最后介绍货币政策通过融资约束影响企业 R&D 投资的相关理论。通过对这些理论的梳理和分析，考察这些理论提出的背景、假设和相应条件等，并根据不同理论的特点，分别对货币政策通过融资约束影响企业 R&D 投资的作用机理进行理论溯源，找出其中的内在规律，并深入剖析企业 R&D 投资不足的深层次原因。

第 4 章：我国货币政策与 R&D 投资的总体现状。本章首先对我国近年来的货币政策演变历程进行系统回顾，其次分析我国企业 R&D 投资的总体现状，接着分析我国货币政策调节 R&D 投资的具体实践，最后分析现行货币政策下我国企业 R&D 投资所面临的融资约束。本章属于宏观总体描述性介绍和分析。

第 5 章：货币政策、融资约束与企业 R&D 投资间的宏观协整分析。本章将利用货币政策季度数据和宏观 R&D 投资的季度数据，首先分析货币政策与宏观 R&D 投资间的长期协整关系；其次考虑货币政策传递效应，分析货币政策通过融资约束与宏观 R&D 投资间的长期协整关系；最后利用格兰仕因果检验，进一步确定它们之间的均衡关系中"谁是因，谁是果"，探寻货币政策对 R&D 投资的作用路径和规律。研究发现：

（1）尽管 lnM0、lnM1 和 lnM2 三者之间存在长期协整关系，并且它们之间互为格兰杰（Granger）原因，但是只有 lnM2 与 lnRD 之间存在的长期协整关系有效，并且 lnM2 与 lnRD 也互为 Granger 原因。由此可见，影响企业 R&D 投资的货币政策变量主要是 M2，而不是 M0 和 M1。

（2）引入金融机构贷款余额（lnDkye）以后，在 lnM2、lnDkye 和 lnRD 三者之间，lnM2 与 lnDkye 之间存在长期协整关系，lnDkye 和 lnRD 也存在长期协整关系，由此可见，金融机构贷款余额确实充当了货币政策（M2）与 R&D 投资之间协整关系的中介作用，并且这种中介作用是有效的。货币政策通过金融机构贷款余额影响 R&D 的作用，从长期看，确实是有效的。

（3）引入银行间七天同业拆借利率（I7）以后，在 lnM2、I7 和 lnRD 三者之间，存在一个协整关系，进一步分析发现，lnRD 和 lnM2 之间互为 Granger 原因，但 lnRD 不是 I7 的 Granger 原因，I7 不是 lnM2 的 Granger 原因，由此可见，长期看，银行间七天同业拆借利率未能有效地充当货币政策（M2）与 R&D 投资之间协整关系的中介作用。长期看，货币政策通过利率渠道无法影响企业 R&D 投资，这可能与我国长期以来对利率实行严格管制有关，我国银行利率并不是完全根据市场经济需求自行调节。

第 6 章：货币政策、融资约束与企业 R&D 投资间的微观实证检验。本章首先基于现有研究文献，从货币银行学、制度经济学、创新经济学和公司治理学等角度进行分析并提出研究假设，然后以 2008～2018 年的宏观货币政策数据和微观企业财务数据为基础，采用丹尼尔·霍奇勒（Daniel Hoechle，2007）提出的考虑异方差、截面相关和序列相关的稳健的固定效应分析方法，实证检验宏观货币政策、融资约束与微观企业 R&D 投资的关系。研究发现：

（1）货币政策与企业 R&D 投资：①全样本下，宽松的货币政策有利于激发企业 R&D 投资激情，紧缩的货币政策下，企业一般会压缩 R&D 投资。企业成长性越好、现金流越充裕、负债率越低、公司规模越大、投资机会越多、市场化程度越高，企业越愿意进行 R&D 投资。此外，国有企业仍然是 R&D 投资和创新的主体。②分组样本下，2013 年我国进入经济新常态后，货币政策对企业 R&D 投资的影响变得越来越小，说明货币政策调节经济的作用在减小；市场化程度越高，货币政策对企业 R&D 投资的刺激作用越明显；与非制造业相比，货币政策对制造业的 R&D 投资影响更大；拥有较好银企关系的企业，企业在进行 R&D 投资时，受到企业融资约束的影响要小一些；由于西部地区市场化程度较低并且经济结构单一，西部地区更易于受到货币政策的影响。

（2）货币政策通过融资约束影响企业 R&D 投资：①全样本下，融资约束对企业 R&D 投资有一定的抑制作用，并且融资约束对货币政策与企业 R&D 投资间的正相关关系有一定的抑制作用。②分组样本下，2013 年我国进入经济新常态后，融资约束对货币政策与研发投资的负向调节作用越来越大；市场化程度越高，融资受到限制将对企业 R&D 投资产生较大影响；对于制造业这样的资本密集型产业，融资约束对其企业 R&D 投资的影响较小；企业具有较好的银企关系能够减缓融资约束对企业 R&D 投资的负面影响；在市场化程度较低并且经济结构单一的西部地区，企业 R&D 投资受到融资约束的影响更大。

第 7 章：结论及建议。

综观全书，本书可能的创新点有：

（1）以转型时期中国经济和货币政策为背景，将货币政策的宏观传导效应对企业 R&D 投资行为的影响和微观融资约束对企业 R&D 投资行为的影响结合起来，打通宏观货币政策与微观企业行为之间的壁垒，为从宏观货币政策的视角研究微观企业行为提供一个较为新颖的视角；

（2）基于当前宏观货币政策和上市公司 R&D 投资特点，利用宏观货币

数据和微观企业数据，同时根据数据的不同特点和研究目的选择适当的研究方法，实证检验货币政策、融资约束和企业 R&D 投资行为三者之间的关系，为政策的制定提供经验证据；采用协整分析和实证分析，分别利用格兰仕因果检验和丹尼尔·霍奇勒（2007）提出的考虑异方差和截面相关稳健的固定效应模型实证分析货币政策与企业 R&D 投资行为，从宏观和微观两个方面为相关理论研究提供经验证据。

（3）立足于提升国内企业技术创新的需要，在充分考虑国内货币市场特殊性，基于货币政策的传导路径，从融资约束的特殊视角探寻宏观货币政策对企业研发投资的作用机理及效应，并从货币政策、金融中介和微观企业行为三个方面提出激励企业 R&D 投资和技术创新的政策建议。

Abstract

In today's world, the importance of innovation to a country and an enterprise does not seem to reach a high level of consensus around the world as it does today. Governments and enterprises all over the world are aware that if they want to be invincible in future international competition, Therefore, it is necessary to increase technological innovation. Because of this, R&D investment behavior (Research and Development, R&D) that affects corporate technological innovation has become or is becoming a strategic investment decision-making behavior of a country and an enterprise. President Xi Jinping emphasized at the 19th National Congress of the Communist Party of China that "we must vigorously implement the innovation-driven development strategy and strive to build China into the world's major scientific center and innovation highland. To this end, we should increase investment in research and development and strengthen support for scientific and technological innovation. " In recent years, although the R&D investment of Chinese enterprises has grown rapidly, by the end of 2018, the intensity of R&D investment (the ratio of R&D investment to sales revenue) of Chinese enterprises has only just reached the internationally recognized level of 2% to maintain the basic survival line.

R&D investment has the characteristics of large investment amount, long investment cycle, high investment risk, etc. R&D investment mainly forms intangible assets and cannot be loaned to banks through physical mortgages. This leads to greater financing constraints for corporate R&D investment.

Monetary policy is the sum of a series of normative measures with specific economic goals, such as stabilizing prices and adjusting employment, by the central bank to control and regulate the country's money supply and credit volume through various means. In recent years, due to the great downward pressure of China's economy. The central bank's monetary policy takes the promotion of corporate R&D investment, the realization of technological innovation and industrial upgrading as its primary goal. The monetary policy has been gradually loosened from a stable to a moderate level, and it has continuously released liquidity to the market. At the same time, with the help of other supporting policies, we can ensure that these currencies can flow to the real economy and reduce the financing constraints faced by corporate R&D investments.

Therefore, a question worthy of in-depth consideration and research is: Does macro monetary policy affect R&D investment behavior of micro enterprises? How does macro monetary policy affect R&D investment behavior of enterprises? What role does financing constraints play in the impact of monetary policy on corporate R&D investment? Based on the macro-monetary policy data from 2008 – 2018 and the financial data of Chinese listed companies, the subject is to analyze the relationship between monetary policy, financing constraints and corporate R&D investment from both macro and micro levels, hoping to provide some policy suggestions for relevant policy makers.

This topic consists of seven chapters, and the specific arrangements of each chapter are as follows:

Chapter 1: Introduction. This chapter first introduces the topic selection background and research significance of this topic, next introduces the research ideas and framework structure of this topic, and then introduces the main research methods of this topic, and the last are the research characteristics and innovation of this topic.

Chapter 2: Overview of related concepts and literature. This chapter first in-

troduces basic concepts such as monetary policy, financing constraints, and corporate R&D investment, and systematically analyzes the characteristics of each concept from the perspectives of monetary banking, institutional economics, and innovation economics, etc. Then systematically review domestic and foreign research literature on the relationship between monetary policy, financing constraints, and corporate R&D investment. Specifically, first review the literature on financing constraints and corporate R&D investment, and then sort out the literature on monetary policy and financing constraints. Finally, the literature review of the relationship between the three is combed to provide literature support for subsequent empirical research.

Chapter 3: Introduction to the related theory of the relationship between monetary policy, financing constraints and corporate R&D investment. In order to be consistent with the previous chapter, this chapter introduces the theoretical analysis of the impact of monetary policy on corporate R&D investment, and then introduces the impact of financial constraints on corporate R&D investment. and finally introduces the theoretical analysis of monetary policy affecting corporate R&D investment through financing constraints. By sorting out and analyzing these theories, examine the background, assumptions and corresponding conditions proposed by these theories, according to the characteristics of different theories in this paper, the theoretical source of the mechanism of monetary policy affecting corporate R&D investment through financing constraints is found, the underlying laws are found out, and the deep-seated reasons for insufficient corporate R&D investment are analyzed.

Chapter 4: The overall status of China's monetary policy and R&D investment. This chapter first reviews the evolution of China's monetary policy in recent years, then analyzes the overall status of China's corporate R&D investment, and then analyzes the specific practice of China's monetary policy to regulate R&D investment. Finally, it analyzes the financing constraints faced by Chinese enterprises' R&D under the current monetary policy. This chapter is a macro-descriptive introduction and analysis.

Chapter 5: Macro cointegration analysis of monetary policy, financing constraints and R&D investment of enterprises. This chapter will use quarterly data of monetary policy and quarterly data of macro R&D investment, first analyze the long-term cointegration relationship between monetary policy and macro R&D investment, and further considering the transmission effect of monetary policy, analyze the long-term cointegration relationship between monetary policy through financing constraints and macro R&D investment, and finally use the Granger causality test to further determine the "who is the cause and who is the result" in the equilibrium relationship between them. To explore the action path and law of monetary policy on R&D investment. The study found that:

(1) Although there is a long-term cointegration relationship between lnM0, lnM1, and lnM2, and they are Granger reasons, but only the long-term cointegration relationship between lnM2 and lnRD is valid, and lnM2 and lnRD are also mutually Granger reason. It can be seen from this that the monetary policy variables affecting corporate R&D investment are mainly M2, not M0 and M1.

(2) After the introduction of loan balances of financial institutions (lnDkye), there is a long-term cointegration relationship between lnM2, lnDkye, and lnRD, and there is a long-term cointegration relationship between lnM2 and lnDkye, LnDkye and lnRD also have a long-term cointegration relationship. Thus it can be seen that institutional loan balance (lnDkye) does act as an intermediary role in the cointegration relationship between monetary policy (M2) and R&D investment, and this intermediary effect is effective. Monetary policy affects the role of R&D through the financial institution loan balance, in the long run is indeed valid.

(3) After the introduction of the interbank seven-day lending rate (I7), there is a cointegration relationship between lnM2, I7, and lnRD. Further analy-

sis found that lnRD and lnM2 are Granger reasons for each other, but lnRD is not the Granger cause of I7, I7 is not the Granger cause of lnM2, so it can be seen that in the long run, the interbank seven-day lending rate (I7) has failed to effectively serve as the intermediary role of the cointegration relationship between monetary policy (M2) and R&D investment. It can be seen that monetary policy cannot affect corporate R&D investment through interest rate channels, which may be related to China's long-term strict control of interest rates. The interest rate of China's banks is not completely adjusted according to market economic needs.

Chapter 6: Micro-empirical tests between monetary policy, financing constraints and corporate R&D investment. This chapter is based on existing research literature and analyzes from the perspectives of monetary banking, institutional economics, innovation economics, and corporate governance. Put forward research hypotheses, and then based on the macro-monetary policy data and micro-enterprise financial data from 2008 to 2018, use Daniel Hoechle's (2007) robust fixed-effect analysis method that takes into account heteroscedasticity, cross-section correlation, and sequence correlation, empirical test the relationship between macro monetary policy, financing constraints and R&D investment of micro enterprises. The study found that:

(1) Monetary policy and corporate R&D investment: ①In the entire sample, loose monetary policy is conducive to stimulating corporate R&D investment passion. Under tightening monetary policy, companies generally reduce R&D investment. The better the company grows, the more abundant cash flow, the lower the debt ratio, the larger the company size, the more investment opportunities and the higher the degree of marketization, the more companies are willing to invest in R&D. In addition, state-owned enterprises are still the mainstay of R&D investment and innovation. ②Under the group sample, after China entered the new economic normal in 2013, the impact of monetary policy on corporate R&D investment has become smaller and smaller, indicating that the role of monetary policy

in regulating the economy is diminishing; the higher the degree of marketization, the more monetary policy will impact on corporate R&D, the more obvious the investment stimulus; compare with non-manufacturing, monetary policy has a greater impact on R&D investment in manufacturing; for companies with better bank-enterprise relations, companies are less affected by corporate financing constraints when making R&D investments; because of the low degree of marketization in the western region and the simple economic structure, the western region is more vulnerable to the impact of monetary policy.

(2) Monetary policy affects corporate R&D investment through financing constraints: ①In the entire sample, financing constraints have a certain inhibitory effect on corporate R&D investment, and financing constraints have a certain inhibitory effect on the positive correlation between monetary policy and corporate R&D investment. ②In the group sample, after China entered the new normal state of the economy in 2013, financing constraints have increasingly negatively regulated the monetary policy and R&D investment; the higher the degree of marketization, the restricted financing will have a greater impact on corporate R&D investment; for capital-intensive industries such as manufacturing, financing constraints have a smaller impact on their R&D investments; companies with better bank-enterprise relationships can slow the negative impact of financing constraints on corporate R&D investments; they are less market-oriented And in western regions with a single economic structure, corporate R&D investment is more affected by financing constraints.

Chapter 7: Conclusions and recommendations.

On the whole, the possible innovations of this topic are:

(1) With the background of China's economic and monetary policies in the transition period, the effects of macroeconomic transmission effects of monetary policy on corporate R&D investment behavior and the impact of microfinance constraints on corporate R&D investment behavior are combined to open up the barri-

ers between macro monetary policy and micro corporate behavior, providing a more novel perspective on the study of micro-enterprise behavior from the perspective of macro monetary policy.

（2）Based on the current macro monetary policy and R&D investment characteristics of listed companies, use macro monetary data and micro enterprise data, and at the same time choose appropriate research methods according to the different characteristics and research purposes of the data, we empirically test the relationship among monetary policy, financing constraints and R&D investment behavior of enterprises, so as to provide empirical evidence for policy-making; using cointegration analysis and empirical analysis, using Granger causality test and Daniel Hoechle's （2007）robust fixed-effect model considering heteroscedasticity and cross-section correlation, respectively empirical analysis of monetary policy and corporate R&D investment behavior provides empirical evidence for related theoretical research from macro and micro aspects.

（3）Based on the need to enhance the technological innovation of domestic enterprises, take full account of the particularity of the domestic currency market, based on the transmission path of monetary policy, explore the mechanism and effect of macro monetary policy on corporate R&D investment from a special perspective of financing constraints. And puts forward policy recommendations to stimulate corporate R&D investment and technological innovation from three aspects: monetary policy, financial intermediary and micro enterprise behavior.

第 1 章

绪 论

1.1   选题背景与研究意义

1.1.1   选题背景

当前，全球科学技术发展和创新进入异常密集和活跃时期，层出不穷的新科技新技术正在不断改变着世界以及人民的生活和工作。当今世界，创新对于一个国家和企业的重要性，似乎任何时候都没有像今天这样在全世界范围内达成高度共识。世界各国政府和企业都意识到，要想在未来的国际竞争中能够处于不败之地，就必须加大技术创新。也正因为如此，影响企业技术创新的研发（Research and Development，R&D）投资行为，已经或正在成为一个国家和企业的战略性投资决策行为。20 世纪 90 年代，江泽民曾经指出，R&D 投入和技术创新是民族进步的灵魂，是企业永葆强劲生机的动力源泉，是国家走向兴旺发达的不竭动力。中国作为世界上最大的发展中国家，当前中国外部环境正面临着美国对华政策由"合作"转为"全面遏制"以及由此引起的中美贸易摩擦等问题，内部正面临着产能过剩、效率低下、产业继续转型升级、经济下行压力增大等一系列问题，而所有这些问题，都必须也只能借助加大 R&D 投入、提升自主创新能力来解决。党的十八大报告指出："实施创新驱动发展战略，科技创新是提高社会生产力和综合国力的战略支撑，必须摆在国家发展全局的核心位置。"2014 年 12 月，中共中央政治局会议指出，当前经济工作要坚持以提高经济发展质量和效益为中心，主动适应经济发展新常态，保持经济运行在合理区间，把转方式、调结构放到更加重要的位置，将不断强化研发能力作为改革支撑点，狠抓改革攻坚，突出创新驱动，强化风险防控，促进经济持续健康发展和社会和谐稳定。习近平总书记在中国共产党第十九次全国代表大会上强调："要大力实施创新驱动发展战略，努力把我国建成世界主要科学中心和创新高地，为此，要增加研发投入，加强对科技创新的支持力度。"①

而事实上，早在 20 世纪 40 年代，经济学家凯恩斯就指出 R&D 投资以及由其产生的技术创新才是经济发展和社会进步的原动力。诺贝尔经济学奖得主索洛教授研究发现，美国 1909～1949 年国民生产总值翻一番，其中 R&D 投资及科技进步的贡献高达 87.5%。在技术创新过程中，R&D 投资是关键环节，所有生产效率的提升，如果能恰当衡量的话，最终都与 R&D 投资有关（Griliches，1997）。只有企业层面的 R&D 投资，才是技术创新和经济发展的原动力，对于一个国家来说，企业层面的 R&D 投入和技术进步才是重中之重（Romer，1990）。据统计，一个企业只有保持 R&D 投资强度（R&D 投资占销售收入之比）在 5% 以上，才能在激烈的市场竞争中保持一定的竞争力；如果每年仅仅维持在 2% 左右，则只能维持基本生存；当 R&D 投资强度小于或等于 1%，则在激烈的市场竞争中生存都很困难。我国企业很长时间以来，R&D 投资强度都没有达到 2%，甚至比 1% 还要低很多，这也是我国企业一直以来缺乏创新的原因所在。2013～2016 年间，我国 R&D 经费年均增长率为 11.1%，增速全球领先，远远高于同时期美国、欧盟和日本的增长率。2017 年我国 R&D 经费投入总量为 1.76 万亿元，同比增长 12.3%，R&D 投资强度为 2.13%。2018 年，我国 R&D 支出为 1.9657 万亿元，投入强度为 2.18%。② 由此可见，从绝对数来看，我国 R&D 投资算是比较高的，但是相对数仍然偏低，刚刚达到国际维持生存水平。

与固定资产投资相比，R&D 投资具有投资金额大、投资周期长、不确定性高等特点。不仅如此，R&D 投资主要形成的是无形资产，无法通过实物抵押的形式向申请银行贷款。R&D 投资形成的无形资产还可能会涉及企业的商业秘密或核心技术，因此企业不太愿意主动对外披露相关信息，这就导致银行和企业之间存在信息不对称，这些必然会导致企业 R&D 投资面临巨大的融资约束。

---

① 新华网，http://www.xinhuanet.com//photo/2017-10/27/c_1121868728.htm；人民网，http://cpc.people.com.cn/n1/2017/1028/c64094-29613660.html。

② 中华人民共和国科学技术部官网，http://www.most.gov.cn/kjtj/。

货币政策是中央银行通过各种手段去控制和调节一个国家的货币供应量和信用量，从而达到稳定物价、调整就业等具有特定经济目标的一系列规范性措施的总和。近几年，我国经济下行压力较大，中央银行的货币政策把促进企业 R&D 投入、实现技术创新和产业升级转型作为首要目标。货币政策由稳健趋适度宽松，不断向市场释放流动性，同时借助其他配套政策，确保这些货币能流向实体经济，降低企业 R&D 投资所面临的融资约束。2018年，我国广义货币（M2）余额 182.67 万亿元，同比增长 8.1%，与上年同期持平；狭义货币（M1）余额 55.17 万亿元，同比增长 1.5%，增速与上月末持平，比上年同期低 10.3 个百分点；流通中货币（M0）余额 7.32 万亿元，同比增长 3.6%。全年净投放现金 2563 亿元。①

由此，一个值得深入思考和研究的问题是，宏观货币政策是否影响微观企业 R&D 投资行为？宏观货币政策如何影响企业 R&D 投资行为？融资约束在货币政策对企业 R&D 投资的影响中承担什么角色？然而遗憾的是，长期以来，学术界关于宏观经济的研究和微观企业财务行为的研究，一直都处于两个相对隔离的真空里，诺贝尔经济学奖获得者斯蒂格利茨教授将这一现象归结为："20 世纪的经济学家患了精神分裂症"，微观企业财务研究和宏观经济研究严重脱节，不仅表现为研究方法上的难以沟通，还反映在意识形态上的分歧与对立。但是，这一现状目前无论是国外还是国内都逐渐在改变。国内刘志远（2008）、陆正飞（2010）、姜国华（2011）、刘星（2012）等已经开始从宏观经济的视角研究微观财务问题，并已经开创国内该研究视角的先河。此外，近年来，国内《经济研究》《管理世界》《会计研究》等权威期刊也陆续刊登多篇关于宏观经济政策对微观财务行为的文章，这些前辈开创性的研究和高水平期刊相关成果的发布，不仅为我们提供了思想启发，还给了我们一定的信心支持。

1.1.2　研究意义

本书以 2008～2018 年的宏观货币政策数据和中国上市公司的财务数据

---

① 来自全球经济数据网，http://www.qqjjsj.com/show70a54641。

为基础，试图从宏观货币政策的视角探索持续提升企业 R&D 投资及创新能力的制度性基础与方法，从货币政策所引起的外部融资约束的视角，为探寻货币政策促进企业加大 R&D 投资以及提升创新能力的动力提供理论支持，为提升中国企业，尤其是中国上市公司的核心竞争力、激发企业技术创新热情和产业升级转型提供技术支持和科学依据。本书的研究意义是：

（1）以转型时期中国经济为研究背景，从宏观货币政策的特殊视角，研究货币政策对企业 R&D 投资行为的影响，为研究宏观货币政策对微观企业行为的影响构建一个相对完善的研究框架。深入剖析货币政策对企业 R&D 投资行为的作用机理及影响，找出其中的内在规律，进一步丰富深化该学科的学术理论基础。

（2）利用宏观货币政策和《中国统计年鉴》中的 R&D 投资的季度数据，采用协整检验，探寻货币政策、融资约束与 R&D 投资之间的长期协整关系，并利用格兰杰因果检验进一步确定它们之间的均衡关系中"谁是因，谁是果"。基于货币政策传导渠道的特殊视角，探寻货币政策对 R&D 投资的作用路径及规律。

（3）利用宏观货币政策和微观企业的年度数据，采用丹尼尔·霍奇勒（2007）提出的考虑异方差和截面相关稳健的固定效应分析方法，实证检验宏观货币政策对微观企业 R&D 投资行为的影响，从宏观货币政策的视角，为提升企业 R&D 投资动力提供理论支持和技术指导，为加速中国企业技术创新速度、提升企业核心竞争力、促进产业转型升级提供技术支持和科学依据。

1.2　研究思路与结构安排

1.2.1　研究思路

当前我国经济对外正经受着中美贸易摩擦的考验，对内则面临着经济增长方式的转变和产业转型升级的双重压力，而解决所有这些问题的最佳方法就是加大 R&D 投资和加强自主创新。本书的研究思路是，首先，介绍本书涉及的一些基本概念，包括货币政策、融资约束、R&D 投资等。其次，在对国内外研究现状归纳总结的基础上，分析货币政策、融资约束与企业 R&D 投资三者之间的作用机理。接着，一方面采用协整检验法，实证分析货币政策、融资约束与（宏观）R&D 投资间的长期均衡关系；另一方面，采用固定效应检验法，实证检验货币政策、融资约束对（微观）R&D 投资行为的影响。最后，得出研究结论并提出相关政策建议。本书的研究逻辑框架图见图 1 –1。

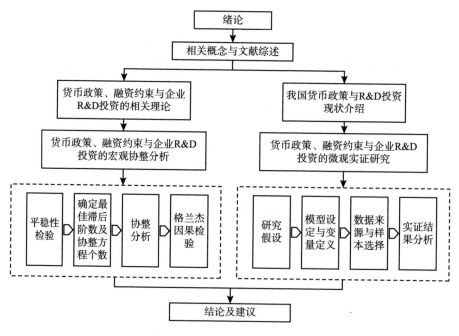

图 1 –1　本书研究的逻辑框架

1.2.2　本书的结构安排

根据研究思路，本书共分为七章，各章具体内容如下：

第 1 章：绪论。本章首先介绍本书的选题背景和研究意义，其次介绍本书的研究思路和框架结构安排，接着介绍本书研究的主要研究方法，最后是

本书的研究特色及创新之处。

第 2 章：相关概念与文献综述。本章首先介绍货币政策、融资约束和企业 R&D 投资等基本概念，并从货币银行学、制度经济学、创新经济学等角度系统分析各概念的特点分类等。其次对国内外关于货币政策、融资约束和企业 R&D 投资三者关系的研究文献进行系统梳理。具体而言，先梳理融资约束与企业 R&D 投资的文献，梳理货币政策与融资约束的文献，最后梳理三者之间关系的文献综述，为后面的实证研究提供文献支持。

第 3 章：货币政策、融资约束与企业 R&D 投资三者关系的相关理论分析。为了与上一章保持一致，本章首先介绍货币政策对企业 R&D 投资的影响相关理论，其次介绍融资约束对企业 R&D 投资的影响相关理论，最后介绍货币政策通过融资约束影响企业 R&D 投资的相关理论。通过对这些理论的梳理和分析，考察这些理论提出的背景、假设和相应条件等，并根据不同理论的特点，分别对货币政策通过融资约束影响企业 R&D 投资的作用机理进行理论溯源，找出其中的内在规律，并深入剖析企业 R&D 投资不足的深层次原因。

第 4 章：我国货币政策与 R&D 投资的总体现状。本章首先对我国近年来的货币政策演变历程进行系统回顾，其次分析我国企业 R&D 投资的总体现状，接着分析我国货币政策调节 R&D 投资的具体实践，最后分析现行货币政策下我国企业 R&D 投资所面临的融资约束。本章属于宏观总体描述性介绍和分析。

第 5 章：货币政策、融资约束与企业 R&D 投资间的宏观协整分析。本章将利用货币政策季度数据和宏观 R&D 投资的季度数据，首先分析货币政策与宏观 R&D 投资间的长期协整关系；其次考虑货币政策传递效应，分析货币政策通过融资约束与宏观 R&D 投资间的长期协整关系；最后利用格兰杰因果检验，进一步确定它们之间的均衡关系中"谁是因，谁是果"，探寻货币政策对 R&D 投资的作用路径和规律。研究发现：

（1）尽管 lnM0、lnM1 和 lnM2 三者之间存在长期协整关系，并且它们之间互为 Granger 原因，但是只有 lnM2 与 lnRD 之间存在的长期协整关系有效，并且 lnM2 与 lnRD 也互为 Granger 原因。由此可见，影响企业 R&D 投资的货币政策变量主要是 M2，而不是 M0 和 M1。

（2）引入金融机构贷款余额（lnDkye）以后，在 lnM2、lnDkye 和 lnRD 三者之间，lnM2 与 lnDkye 之间存在长期协整关系，lnDkye 和 lnRD 也存在长期协整关系。由此可见，金融机构贷款余额（lnDkye）确实充当了货币政策与 R&D 投资之间协整关系的中介作用，并且这种中介作用是有效的。货币政策通过金融机构贷款余额影响 R&D 投资的作用，从长期看，确实是有效的。

（3）引入银行间七天同业拆借利率（I7）以后，在 lnM2、I7 和 lnRD 三者之间存在一个协整关系，进一步分析发现，lnRD 和 lnM2 之间互为 Granger 原因，但 lnRD 不是 I7 的 Granger 原因，I7 不是 lnM2 的 Granger 原因。由此可见，长期看，银行间七天同业拆借利率未能有效地充当货币政策与 R&D 投资之间协整关系的中介作用。长期看，货币政策通过利率渠道无法影响企业 R&D 投资，这可能与我国长期以来对利率实行严格管制有关，我国银行利率并不是完全根据市场经济需求来自行调节。

第 6 章：货币政策、融资约束与企业 R&D 投资间的微观实证检验。本章首先基于现有研究文献，从货币银行学、制度经济学、创新经济学和公司治理学等角度进行分析，并提出研究假设，然后以 2008～2018 年的宏观货币政策数据和微观企业财务数据为基础，采用丹尼尔·霍奇勒（2007）提出的考虑异方差、截面相关和序列相关的稳健的固定效应分析方法，实证检验宏观货币政策、融资约束与微观企业 R&D 投资的关系。研究发现：

（1）货币政策与企业 R&D 投资：①在全样本下，宽松的货币政策有利于激发企业 R&D 投资激情，紧缩的货币政策下，企业一般会压缩 R&D 投资。企业成长性越好、现金流越充裕、负债率越低、公司规模越大、投资机会越多、市场化程度越高，企业越愿意进行 R&D 投资，此外，国有企业仍然是 R&D 投资和创新的主体。②在分组样本下，2013 年我国进入经济新常态后，货币政策对企业 R&D 投资的影响变得越来越小，说明货币政策调节经济的作用在减小；市场化程度越高，货币政策对企业 R&D 投资的刺激作用越明显；与非制造业相比，货币政策对制造业的 R&D 投资影响更大；拥有较好银企关系的企业，企业在进行 R&D 投资时，受到企业融资约束的影响要小一些；由于西部地区市场化程度较低并且经济结构单一，西部地区更易于受到货币政策的影响。

（2）货币政策通过融资约束影响企业 R&D 投资：①全样本下，融资约束对企业 R&D 投资有一定的抑制作用，并且融资约束对货币政策与企业 R&D 投资间的正相关关系有一定的抑制作用。②分组样本下，2013 年我国进入经济新常态后，融资约束对货币政策与研发投资的负向调节作用越来越大；市场化程度越高，融资受到限制将对企业 R&D 投资产生较大影响；对于制造业这样的资本密集型产业，融资约束对其企业 R&D 投资的影响较小；企业具有较好的银企关系能够减缓融资约束对企业 R&D 投资的负面影响；在市场化程度较低并且经济结构单一的西部地区，企业 R&D 投资受到融资约束的影响更大。

第 7 章：结论及建议。

1.3　研究方法

一项研究是否能做好，研究方法很关键。本书将在广泛阅读国内外文献的基础上，根据研究目标，努力借鉴货币银行学、制度经济学、创新经济学和公司治理学的一些基本理论，来进行研究方法的选择，并最终确定采用文献研究法、规范研究法和实证研究法（具体包括协整分析和固定效应检验）等。具体而言：

（1）文献研究法。我们首先利用国内外主流文献资料库、书籍、网络资源等手段，收集宏观货币政策、融资约束与企业 R&D 投资的相关文献，并对这些文献进行系统阅读和全面梳理，进行理论索源，同时及时跟踪国内外相关研究的最新动态和研究成果。通过文献研读和梳理，我们对本书的核心概念（如货币政策、融资约束、企业 R&D 投资等）有了一个准确的了解，并最终确定了本书的研究框架，即首先借助分析货币政策、融资约束和企业 R&D 投资三者之间的作用机理，然后分别分析货币政策对企业 R&D 投资的宏观协整分析和微观实证检验。

（2）规范分析的方法。所谓规范分析也就是在现有较为成熟的理论基础之上，对拟研究的问题进行全面总结和理论归纳，并以一定的标准和方法来对理论解释进行级别判定，是"优等""一般"还是"劣质"？规范研究不仅要衡量或评价经济行为是怎样的，更应该解释经济行为应该是怎样的。本书在系统梳理宏观货币政策、融资约束与企业 R&D 投资三者间现有研究成果的基础上，进一步分析三者之间的相关理论和作用机理，同时总结归纳我国宏观货币政策和 R&D 投资的现状，为后面的实证研究提供理论支持和数据基础。

（3）实证研究。由于规范研究一般都是在一定的假设条件下提出并得出研究结论，而现实中这些假设条件并不一定总是成立，因此，规范研究的结论可能与现实有一定的偏离和不一致。进行规范研究后，一般都需要实证研究来进行检验，以弥补规范研究的不足。实证研究是以数据为基础，并利用统计分析软件，采用专门的统计分析方法来进行分析。本书采用的实证研究方法主要有：

①协整分析。协整分析主要利用宏观序列数据，分析两个变量或者多个变量之间的长期均衡关系。本书第 5 章首先利用宏观季度数据，采用协整检验，实证分析货币政策与 R&D 投资间的长期均衡关系；然后从利率传递渠道和信贷传递渠道的角度，进一步分析货币政策通过融资约束与 R&D 投资间的宏观协整关系；最后利用格兰杰因果检验，确定它们之间的均衡关系中"谁是因，谁是果"，期望能从宏观上探寻货币政策对 R&D 投资的作用路径及规律。

②固定效应分析。本书第 6 章利用 2008～2018 年宏观货币数据和微观企业数据，来实证检验货币政策、融资约束对微观企业 R&D 投资行为的影响。我们通过检验发现固定效应优于随机效应和混合效应，同时考虑到数据间存在异方差、界面相关和序列相关问题，因此，本书采用丹尼尔·霍

奇勒（2007）提出的考虑异方差、截面相关和序列相关的稳健的固定效应分析方法，实证检验宏观货币政策、融资约束与微观企业 R&D 投资行为的关系。期望能从微观上，验证货币政策对企业 R&D 投资的内在作用机理，为促进中国企业加大 R&D 投资、实现技术创新和产业升级转型提供经验证据。

1.4　创新之处

有关宏观货币政策研究与微观企业行为之间的研究，国内外学者多仅从单方面角度出发研究微观企业行为或者宏观货币政策，而较少有专家对宏观货币政策与微观企业行为之间有何影响或有何效用做出具体深入探索，本书的研究特殊以及创新之处在于打破宏观货币政策与微观企业行为之间的研究壁垒，解决两者之间研究数据无法共享以及研究方法无法适用的特点，从宏观货币政策和微观企业行为双重角度出发，研究长期性提升企业 R&D 投资的制度基础，为提升企业技术创新能力、促进产业升级转型和应对金融危机提供政策及建议。

综合来看，本书的创新之处主要有：

（1）基于转型期国内经济的特殊背景，将货币政策的宏观传导效应对企业 R&D 投资行为的影响和微观融资约束对企业 R&D 投资行为的影响结合起来，打通宏观货币政策与微观企业行为之间的壁垒，为从宏观货币政策的视角研究微观企业行为提供一个较为新颖的研究视角。

（2）基于当前宏观货币政策和上市公司 R&D 投资特点，利用宏观货币数据和微观企业数据，同时根据数据的不同特点和研究目的选择适当的研究方法，实证检验货币政策、融资约束和企业 R&D 投资行为三者之间的关系，为政策的制定提供经验证据；采用协整分析和实证分析，分别利用格兰杰因果检验和丹尼尔·霍奇勒（2007）提出的考虑异方差和截面相关稳健的固定效应模型，实证分析货币政策与企业 R&D 投资行为，从宏观和微观两个方面为相关理论研究提供经验证据。

（3）立足于提升国内企业技术创新的需要，充分考虑国内货币市场特殊性，基于货币政策的传导路径从融资约束的特殊视角探寻宏观货币政策对企业研发投资的作用机理及效应，并从货币政策、金融中介和微观企业行为三个方面提出激励企业 R&D 投资和技术创新的政策建议。

第 2 章

基本概念与文献综述

在进行正式研究前，需要对本书所涉及的主要核心变量进行介绍，以免产生不必要的歧义和误解，同时还需要对相关文献进行归纳和总结。

2.1 基本概念

2.1.1 货币政策

1. 货币政策的涵义

货币政策（monetary policy），通常也被称作金融政策，是指中央银行（在我国指中国人民银行）通过各种手段去控制和调节一个国家的货币供应量和信用量，从而达到稳定物价、调整就业等具有特定经济目标的一系列规范性措施的总和。一般而言，货币政策有狭义的货币政策和广义的货币政策之说。狭义的货币政策是指中央银行运用公开市场业务、存款准备金率、中央银行贷款、利率、汇率等工具或手段，调节货币供应量，从而调节市场利率，并通过市场利率来影响民间社会资本的投资行为，影响社会总供给，进而影响宏观经济运行的各种政策方针。通常来说，狭义的货币政策可进一步细分为数量政策（改变货币的发行数量）和利率政策（改变货币的利率水平，也叫货币的价格政策）。货币政策一般有四大目标：发展经济、稳定物价、促进就业和实现国际收支平衡。货币政策的四大目标并不是孤立的，它们之间相互影响、相互制约，在现实生活中要同时实现货币政策的四大目标是一件非常困难的事情，因为一个国家想要实现某一特定的货币政策目标，通常会影响到另一货币政策目标的实现。不同货币政策相互制约和相互影响，它的内在特点不仅在一定程度上增加了货币政策的制定和货币工具的选择难度和灵活性，同时也要求当局者在制定货币政策和选择货币工具时，必须同时制定一些辅助政策和工具，来缓解对其经济目标的影响和冲击。

由此可见，货币政策是中央银行实施宏观调控的一个政策体系，包括政策目标、实现目标的政策工具、各种操作目标和中间目标、政策传递机制和政策效果等内容。货币政策的真正内涵体现在各个经济发展时期，通过采取

"或紧或松"的政策方针来调节经济。

广义的货币政策，是指负责货币发行的中央银行、政府机构、其他可能影响货币流通或汇率波动的部门和机构，它所指定的所有有关货币方面的规定和采取的影响金融变量的措施包括改变货币管理规则的经济体制改革等，例如，硬性限制信贷规模、贷款方向，开放和开发金融市场。与狭义的货币政策相比，广义的货币政策的政策制定者不仅包括中央银行，还包括政府部门和其他有关部门，而且政策还包含了金融体制改革规则等外生变量。

需要说明的是，货币政策以总产出的影响为据，分为扩张性货币政策（积极货币政策）和紧缩性货币政策（稳健货币政策）。前者指在不景气的经济条件下，中央银行运用合适的手段使利率降低，从而使市场上的货币的供给量上升，在一定程度上推动投资和净出口的数量增加，最终促进社会总需求增大。后者是当经济发展特别景气，或者说社会出现过高的通货膨胀率时，中央银行利用恰当的措施来减少货币的供给量，进而导致利率提高，使物价水平在合理的范围内波动，以及通过减少相应的消费数量和投资数量，在一定程度上抑制经济增长速度，从而使经济重新回到健康的发展轨道上。

2. 货币政策的传导机制

货币政策传导机制是指中央银行为了达到特定的货币政策目标，用来连接各种货币政策工具和其目标之间关系而形成的各种方法和途径。并不是所有的货币政策都能实现稳定物价，促进经济增长，实现充分就业和平衡国际收支这四大目标，货币政策与货币政策目标之间并无必然联系。中央银行通过运用各种货币政策工具在特定的时期内对预定的货币政策目标的实现程度，以及在特定的时期内达到预期影响实体经济变量目标的实现程度时，首先要考虑的问题是货币政策传导机制，即通常所说的货币政策传导的有效性问题。货币政策传导机制能否有效，主要取决于：（1）货币政策有效的前提条件。货币非中性假说是货币政策效应发挥的有效前提，货币外生论假说是中央银行货币政策实施的有效前提。（2）货币政策传导机制的理论基础。现有的文献主要有：传统中性"货币数量"直接传导机制、考虑投资的非中性"利率"间接传导机制、货币需求论下的"利率"间接传导机制和信息不对称下的复杂传导机制。（3）货币政策传导的渠道。由于观察的角度和考虑的影响因素不同，学术界中学派和理论形成了不同的货币政策传导渠道观，但总的概括起来主要有：货币渠道和信贷渠道。货币渠道主要有利率渠道、汇率渠道、托宾 Q 渠道和财富渠道，信贷渠道主要有资产负债表渠道和银行存款渠道等。

（1）货币政策有效的前提条件。

货币政策是国家宏观调控的重要手段之一，并不是每一项货币政策都能有效地稳定货币、促进就业和实现经济稳定增长。货币政策能有效发挥作用是有一定前提条件的。现有的研究认为，货币政策有效需满足以下三个条件：第一，货币能够系统影响产出；第二，货币和产出之间存在稳定关系；第三，货币管理当局能有效控制货币的发行、流通和回笼等。这三个条件中，前两个讲的是货币的非中性假说（monetary non-neutrality hypothesis），最后一个是货币外生论假说（currency exogenous hypothesis）。货币非中性假说是货币政策效应发挥的有效前提，也是中央银行货币政策实施的有效前提。

①货币非中性假说。

所谓货币中性与非中性，主要考察货币数量影响商品价格，其次考虑是否影响银行利率（不仅影响名义利率，还影响实际利率）、就业以及经济总产出等。如果货币数量仅仅只对价格产生影响，那就是通常意义上的货币中性说。与之对应的货币非中性，是指货币数量在影响价格的基础上，还对其他的因素造成影响。货币政策的目的是通过影响价格来实现经济发展、稳定物价、促进就业和实现国际收支平衡等。由此可见，货币非中性是货币政策有效的前提条件。

在全球经济快速发展的大背景下，越来越多的国家和政府会通过各种财政政策和货币政策来调节经济，实现经济持续发展。货币政策作为调节经济的两大手段之一，正被越来越多的人和国家所接受，货币的非中性假说也正在被越来越多的人所接受。1896 年，瑞典经济学家韦克塞尔（Weichsel）在其出版的《财政理论研究》中，将汇率分为货币利率（市场借贷利率）和自然利率（投资预期利率），当货币供给增加时，货币利率低于自然利率，

企业家会扩大生产，增加产出。随着收入和支出的增加，物价会上涨，就会出现积累性经济扩张。韦克塞尔指出，政府应选择适当的货币政策来减小政策对经济产生的影响，使社会中的货币利率趋同于自然利率。莫迪利亚尼（Modigliani，1954）认为，实施一系列货币政策可能会影响金融资产的价格，如果公民的持久性收入中存在金融资产，那么他们的收益水平也会受到牵连。货币主义学派创始人弗里德曼（Friedman，1970）指出，尽管经济从长期看，多与货币供给无关，所以货币满足中性假说。但短期看，货币大多都是非中性的。凯恩斯（Keynes，1936）认为，货币非中性在货币和经济两者关系中体现得非常明显。政府应该根据社会经济发展状况来制定并实施相应的货币政策，来抑制经济发展不景气和防止经济危机的出现。当今世界，无论是发达国家、发展中国家，还是前发达国家，都毫无例外地接受了货币非中性假说，并将货币政策作为调节宏观经济运行的重要手段。

②货币外生论假说。

货币政策有效的另一前提条件是货币外生论假说。与货币内生性假说不同，货币外生论假说认为，货币发行量的多少取决于货币当局的政策意愿而不是经济运行。货币供应量处于经济体系以外，可以独立控制。中央银行要实现预期货币政策目标，就应采取一系列适当的手段和措施调节货币供应量，以充分发挥货币政策传导机制影响整个实体经济发展。与货币外生论假说不同，货币内生假说认为，中央银行不能对货币资金的价格和利率的调节掌握绝对的控制权和决定权。该理论认为中央银行并不能决定和控制货币的供给量，货币供给量还应受其他内生性因素的影响。美国货币学派代表人弗里德曼指出，货币供给相对于经济运行是一个外生变量，货币当局可以通过发行货币、规定存款储备比率等手段来控制货币供应量。弗里德曼运用梳理模型证明了，从长期看，货币需求函数具有稳定性，货币供给量发生变化会引起名义收入的变化，货币当局有独立控制货币供应的能力。货币供应量的变化直接影响着经济活动的变化，货币当局能够通过控制货币供给量来影响产出和价格。

（2）货币政策传导机制的理论基础。

①传统中性"货币数量"直接传导机制。

传统中性"货币数量"直接传导机制是由古典经济学家费希尔（Fisher）、马歇尔（Marshall）、皮贡（Pigon）等于 19 世纪末 20 世纪初期提出来的，用于探讨货币数量、物价水平与国民收入之间关系的一种理论。该理论认为，货币在市场上只是充当交易媒介的角色，其实质并不存在内在价值，因此不会对经济产生实质性影响。在其他因素不变的情况下，物价水平的高低与货币价值的大小由一国的货币数量决定。商品价格水平涨落与货币数量成正比，货币价值的高低与货币数量的多少成反比。货币数量多了，商品价格就上升；货币数量少了，商品价格就下降。弗里德曼（1956）将货币需求公式定义为：$MD/P = F(Yp. \eta - Rm. Re - Rm, \pi e - Rm)$。其中，$MD/P$ 表示对真实货币余额的需求；Yp 表示永久性收入，即理论上所有未来预期收入的折现值；$ae/aix = ad/aix - as/aix$ 表示货币预期回报率；Re 表示债券预期回报率；η 表示股票预期回报率；πe 表示预期通货膨胀率。货币需求主要取决于总财富，但总财富实际上是无法衡量的，只能用永久性收入而不是用不稳定的现期收入来代替。弗里德曼认为，永久性收入是稳定的，它是长期收入的平均预期值，在商业周期扩张阶段，暂时性收入大于永久性收入。收入变动幅度平均来说是比较稳定的，趋于永久性收入，即永久性收入是稳定的。弗里德曼（1956）提出的一种货币与多种资产之间相互替代的货币需求函数，拓展了货币数量理论，为传统中性"货币数量"直接传导机制奠定了理论基础。

②考虑投资的非中性"利率"间接传导机制。

如前所述，货币非中性假说不仅考察货币数量本身对商品价格的影响（仅考虑数量的影响是传统中性"货币数量"直接传导理论），还考虑货币以外的其他因素，如投资（利率）、就业（工资）和经济总产值等。考虑投资的非中性"利率"间接传导机制是由瑞典经济学家威克塞尔（Knut Wicksell）于 1898 年在其著作《利息与价格》中首次提出并主张运用利率来调节经济。

威克塞尔将货币理论的研究从一般价格水平扩展到相对价格体系中来，并系统论述了货币对经济均衡的重要意义。他指出，货币有多种职能，就货币的储藏职能而言，货币在资本借贷过程会促进储蓄向投资的转化，因此是非中性的。此外，威克塞尔还提出了与货币利率相对应的自然利率概念，并指出二者的关系中后者（自然利率）居主要地位，是影响价格变动的主要原因。在经济发展过程中，货币利率和自然利率二者之间通常存在一个价差，这个价差不仅深刻影响着经济的正常运行，还严重影响着价格的上下波动。当货币利率低于自然利率时，投资需求增加，物价将不断上涨；反之，当货币利率高于自然利率，投资需求减少，物价不断下降。当货币利率和自然利率两者之间的价差为零，即二者基本相等时，经济发展处于一个相对平衡或理想的状态，此时投资和物价水平将保持在一个相对平衡的状态下，中央银行可以通过调节利率来调节经济的发展。

③货币需求论下的"利率"间接传导机制。

货币需求论下的"利率"间接传导理论是经济学家凯恩斯在面对 20 世纪 30 年代的经济大萧条而提出的一种新的理论。他在其 1936 年出版的著作《就业、利息和货币通论》中指出，经济并不会总是保持在充分就业状态，不仅从供给—需求的需求角度提出了著名的有效需求假说，还建立了货币需求理论——流动性偏好理论，并在此基础上，详细论述了货币政策经由利率变化而最终影响实体经济的间接传导机制。凯恩斯指出，有效需求是均衡状态下的需求，均衡状态由社会总需求和社会总供给（也称有效需求和有效供给）两大因素决定。但是，总供给在短期内不会有大的变动，因此，产量实际取决于社会总需求或有效需求，消费和投资需求是有效需求的重要组成部分，而这两种需求又受边际消费倾向、资本边际效率、灵活偏好这三大心理因素影响。当出现边际消费倾向递减的情况时，整个社会的消费需求就会产生短缺的现象，此时投资需求就成了补短的一大关键。同时利率和资本边际率这两个因素通过对比关系影响并控制着投资需求。当资本边际效率出现递减时，利率这一因素又显得至关重要了。而利率的高低又取决于人们对货币的灵活偏好程度（即货币的需求程度）。这些因素之间相互联系并相互影响，并最终导致货币、利率、投资和有效需求连接成一个共同体，构成货币传导机制的重要影响因素，并在货币传导中发挥重要的作用。由此可见，凯恩斯提出的货币需求论下的"利率"间接传导机制，抛弃了传统货币数量论的分析框架，反对古典学派的利率由储蓄和投资决定，强调利率由货币供求决定，同时也反映了利率的重要性以及在整个传导过程中的核心地位。利率的变化会对投资造成影响，最终也会使整个社会总产出数量发生变化。

需要指出的是，货币需求论下的利率间接传导理论的假设前提条件之一是信贷市场信息完美，它能够有效传导货币政策。然而现实中的信贷市场是不完美的，存在逆向选择和道德风险，这大大限制了该理论的适用价值。后来的学者（如托宾）对该理论进行了扩展，一定程度上弥补了该理论的缺陷。

④信息不对称下的复杂传导机制。

20 世纪 60 ~ 70 年代，由于世界经济出现了"滞胀"，长期占据西方经济学主流学派地位的凯恩斯受到了其他不同经济学派的攻击和挑战，凯恩斯提出的货币需求论下的"利率"间接传导机制，由于现实中并不满足其信贷市场信息完美的前提条件而受到了质疑。凯恩斯主义（Keynesian）阵营出现了一个新的学派——新凯恩斯主义（new Keynesian）学派。他们一方面坚持凯恩斯的基本信条，另一方面开始突破凯恩斯主义的某些旧框架，吸收和借鉴包括古典宏观学派在内的其他各种学派的理论观点和分析方法，来弥补传统凯恩斯主义的一些缺陷。首先，他们承认了利率间接传导机制，与凯恩斯的货币需求论下"利率"间接传导机制不同，从信贷市场中的信息非对称出发，从需求和供给两个视角，阐明了利率和贷款抵押的选择效应会在一定程度上使整个借贷市场产生信贷配给以及失灵的现象。同时也对政府进行干预行为产生积极正面的影响做出了肯定和鼓励。丰富发展了现代金融理论（利率传导）；其次，他们承认了经济周期波动，承认了实际产量和就业量的经济波动，并在微观经济学基础上阐明了劳动市场失灵、高通货膨胀和高失业率等问题，承认了工资刚性和工资粘性（名义工资粘性和实际工资粘性），承认了工资传导机制；最后，他们承认了总需求对价格的影响，承认了名义价格

粘性，承认了价格传导机制。

总之，信息不对称下的复杂传导理论，基于信息不对称的假设前提条件，从价格市场（价格传导机制）、劳动力市场（工资传导机制）和信贷市场（利率传导机制）三个角度解释了货币政策对投资和经济的影响。

（3）货币政策传导渠道。

通常来说，货币政策会通过多种渠道对整个社会经济活动产生影响。目前被学术界普遍接受并认可的渠道主要有货币渠道（money channel）和信贷渠道（credit channel）。货币渠道属于价格型传导机制，具体可分为利率渠道、汇率渠道、托宾 Q 渠道和财富渠道。在与投资相关的活动中，利率渠道通过借贷资本使用成本影响投资，汇率渠道通过外汇折价影响投资成本，托宾 Q 渠道通过股票资本市场影响投资成本，财富效应渠道通过资产价格增长影响投资成本。信贷渠道属于数量型传导机制，信贷渠道主要通过现金流变量来影响投资成本，信贷渠道分为银行信贷渠道和资产负债表渠道两种。银行信贷渠道下，货币政策直接影响银行的信贷行为；资产负债表渠道下，货币政策通过影响借款人和银行的资产负债表状况影响银行信贷。

①利率渠道。

利率渠道最早于 1936 年，由著名经济学家凯恩斯在其代表作《就业、利息和货币通论》中提出，并利用该理论详细论述了货币政策如何通过利率变化影响实体经济的间接传导机制。该理论由经济学家威克塞尔（1898）进行了扩展和延伸并逐步走向成熟。在该理论中，凯恩斯抛弃了传统的货币数量论的框架，并给予货币非中性假说，建立了一套新的货币需求理论——流动性偏好理论，该理论最大的特点是始终坚持认为利率处于货币政策传导的中心环节，通过利率调整可以影响投资进而影响经济产出。凯恩斯的利率传导机制理论后来经过汉森（Hansen，1949）进一步发展为新古典学派 IS – LM 模型。

在新古典学派 IS – LM 模型中，利率通过资本成本影响企业投资。而决定企业投资的两大因素是：投资收益（R）和投资的边际成本（r），当 R > r 时，企业将会追加投资，随着投资规模的增加，投资的边际收益将不断下降，直至 R = r 时，企业将停止增加投资。假设企业资金主要来源于银行贷款，那么 r 就代表银行贷款利率，银行贷款利率的高低会影响企业投资意愿。如果企业资金来源于内部资金积累，则 r 代表机会成本，机会成本包括设备投资的替代品金融资产的收益率。一方面，利率的变化会反方向影响企业的投资行为；另一方面，利率与金融资产的价格反方向变化也会进一步提高企业投资的机会成本，这将使企业进一步增加或减少投资支出。货币政策制定者可以通过改变货币余额来改变利率水平，进而改变资本的成本，从而使固定资产投资、研发支出、房地产投资等受到影响，并最终改变社会产品需求，这就是货币政策传导的利率渠道。米歇金（Mishkin，1996）认为，利率渠道是基于货币政策之一的利率改变来影响企业长短期投资的名义收益和真实收益，继而影响全社会的消费、投资以及总需求和总产出。

②汇率渠道。

汇率渠道是利率渠道的延伸，在开放的经济环境中，投资不仅受利率影响，同时还会受汇率影响。货币政策传递渠道不仅有利率渠道，还有汇率渠道。基于开放的投资环境假设，弗莱明（Fleming，1962）和孟德尔（Mundell，1963）所构建的开放的 IS－LM 投资需求模型表明，利率不仅会通过闭合环境的资本价格要素影响投资，还会通过开放环境下的汇率波动影响企业的净出口进而影响一国的经济和投资，这种效应在非管制自由波动汇率环境下对经济的刺激更为明显，其基本效应可以简单概括为：国内货币供应量增加，利率下降，本币存款的币值下降，国内商品相对国外商品变得便宜，净出口和总产出的增加，国内投资净增加。与之相对应，当国内货币供应量减少时，利率会相应提高，进而会使本国市场商品的相对价格升高，这将会在很大程度上导致商品的出口量受到限制，那么这样就会对本国的经济产出造成不利的影响。泰勒（Taylor，1993；1995）认为汇率的变化不仅会影响本国的总需求和总供给，还会影响其他国家的总需求和总供给。由此可见，在一个开放的环境下，利率会影响汇率，汇率也会影响利率，货币传导机制中的利率机制和汇率机制是相互联系相互影响的。

③托宾 Q 渠道（资产价格渠道之一）。

除利率渠道和汇率渠道外，另一种货币传导渠道叫资产价格渠道。资产价格渠道是指，货币政策通过影响各种金融资产的价格（尤其是股票的价格来传导到实体经济）来实现货币政策的最终目标的渠道或方法。资产价格渠道主要有托宾 Q 渠道和财富效应渠道。托宾 Q 渠道是资产价格渠道中的一种，1969 年，托宾（Tobin）将 Q 定义为企业的市场价值除以资本的重置成本，即所谓的托宾 Q 值。在企业投资活动中，如果 Q > 1，说明企业的市场价值高于重置成本，新的工厂和设备资产相对于公司的市场价值较为便宜，公司可以发行少量的股票来获取较多的投资品，企业愿意增加投资。如果 Q < 1，则企业的市场价值低于重置成本，公司不会发行股票，而是直接低价购买其他企业的实际资本，企业没有增加投资的积极性，投资支出将会减少。托宾 Q 存在着严格的理论条件：第一，有着完善的金融市场环境，并且投资者在这个市场里可以选择各种各样的金融资产；第二，每一个经济主体都能够作为理性经理人，在这个变化的市场环境中，遵守相关的经济原则，根据自身的需求快速便捷地改变资产结构；第三，每一个金融资产都能够对另外的金融资产进行全部取代。当满足上述的所有条件时，中央银行采取宽松的货币政策而发生的传导过程如下：M↑→i↓→Pe（金融资产价格）↑→Q↑→i↑→Y↑。

托宾 Q 理论认为，货币政策的松紧影响股票价格，进而影响公司的市场价值，并最终导致公司的投资和产出发生变化，实现货币政策的最终目标。需要说明的是，货币政策变化不是影响股票价格变化的唯一因素，货币政策与企业的托宾 Q 值之间也并不存在某种必然或者说唯一的因果关系。

④财富效应渠道（资产价格渠道之二）。

另外一种资产价格渠道是财富效应渠道（莫迪利尼亚提出）。财富效应渠道指由货币政策实施引起的货币存量增加或减少，进而对社会公众手中财富产生影响的渠道和方法。如果说托宾提出的 Q 理论是从公司市值的视角，那么莫迪利亚尼提出的财务效应理论则是从经济主体（即个人）的财富增减变化出发。莫迪利亚尼认为，经济主体的财富分类有很多种，比如人力资本、真实资本以及金融财富等，这些各种各样的财富也就决定了消费者的消费支出数量。其中的一大财富——金融财富，主要通过金融市场上的普通股票来体现，中央银行采取一系列货币政策的措施和手段后，也会直接影响金融市场，进而使股票价格出现变化，那么持有这些股票的经济主体他们所拥有的金融财富就会相应地变化，导致他们的支出意愿也会发生变化，最终在宏观层面上影响的是整个国民收入的变化。其传递效应过程如下：$M\uparrow\rightarrow$ $i\downarrow\rightarrow$Pe（金融资产价格）$\uparrow\rightarrow$FW（金融财富）$\uparrow\rightarrow$C（消费）$\uparrow\rightarrow$Y$\uparrow$。

由此可见，托宾 Q 渠道和财富效应渠道二者之间有着异曲同工之妙，都是通过资产价格来传导货币政策效应的，只不过一个是通过公司资产，一个通过个人资产。

⑤银行贷款渠道。

20 世纪 70 年代，随着金融抑制理论和信息经济学的发展，经济学家开始从委托代理理论和信息不对称理论以及其他金融摩擦理论的视角，探索货币政策效应，并形成与前面四种完全不同的两种信贷传递渠道，其中一种是银行贷款渠道（bank lending channel），另一种是资产负债表渠道（balance sheet channel）。银行贷款渠道指通过中央银行制定的货币政策对商业银行的准备金数量进行影响，进而影响银行对企业发放贷款数量和企业投资数量的渠道和方法。伯南克和布林德（Bemanke and Blinder，1988）从银行贷款角度，在传统的 IS – LM 模型中，将资产的形式调整为货币、债券和贷款三种。由于金融市场存在信息不对称，银行信贷市场很容易从货币市场和债券市场中单独甄别出来，银行信贷传递渠道的作用被单独拿出来进行研究并形成一种新的货币政策传递渠道。由于银行在整个金融体系中扮演中重要的角色，信贷渠道对那些无法到资本市场和债券市场上融资而只能借助银行借款融资的中小企业的影响是非常巨大的，尤其是在信息不对称信息环境下。当中央银行货币政策趋紧时，商业银行发放贷款会减少，过度依赖贷款的中小企业会减少投资，经济总产出也会减少。由此可见，信贷渠道的前提条件是信息不对称和金融市场摩擦的存在，信贷渠道对中小企业的资源配置效率起着非常重要的作用。货币政策可通过影响贷款资金来源和成本来影响企业的投资意愿，进而影响企业乃至整个社会的总产出。

⑥资产负债表渠道。

在两种信贷传递渠道中，另外一个为资产负债表渠道（balance sheet channel）。伯南克和格特勒（Bermanke and Gertler，1989）、格特勒和吉尔克里斯特（Gertler and Gilchrist，1993）等认为，货币政策通过借款人财务状况（资产负债表）影响企业的融资水平，进而影响企业的投资行为和经济产出，称为资产负债表渠道。资产负债表强调货币政策通过资产负债表影响实体经济活动。当金融市场不完善，市场存在信息不对称，货币政策趋紧时，一方面可能会导致债券利率上升、融资成本提高和企业负债增多；另一方面还可能会导致公司股票价格出现暴跌、资产价格严重缩水、企业资产负债表恶化。由于信息不对称，在逆向选择和道德风险的驱动下，企业的负债规模和成本会进一步增加，整个社会的金融风险将会进一步累积并随时可能会出现爆仓现象，这对一个国家和社会的危害是非常大的。

总的说来，货币政策主要通过如下几种形式的资产负债表渠道影响整个社会的投资和总产出：

第一，扩张的货币政策（M↑）通过实施一系列措施后，导致金融市场上股票价格上涨（Pe↑），在一定程度上会使企业价值增加，同时公司的净价值也会增加。相应地就会导致公司经营者和所有者减少道德问题的发生，同时也会减少他们做出逆向选择的行为。进一步会推动企业增加贷款和投资（Pe↑），所以在这基础上社会总需求就会呈现上升的状况（Y↑）。可以表示为 M↑→Pe↑→I↑→Y↑。

第二，扩张的货币政策（M↑）通过实施一系列措施后，导致金融市场上利率下降，紧接着相应的利息支出也会减少（i↓），对于企业来说无异于增加了其公司的现金流量（现金流量↑），相应地也会导致公司经营者和所有者减少道德问题的发生，同时也会减少他们做出逆向选择的行为，从而公司的资产负债状况也会逐步被改善，公司的净价值也会逐渐增加。进一步会推动企业增加投资（Pe↑），社会总需求也会因此呈现上升的状况（Y↑）。

第三，通常情况下，企业在借款时确定利息利率都会以名义利率为准，例如在签订合同时使用固定利率。扩张的货币政策（M↑）通过实施一系列措施后，会造成整个社会市场商品的价格上升，所以相应地会使企业在这个影响下背负的真实债务价值降低。相应地也会导致公司经营者和所有者减少道德问题的发生，同时也会减少他们做出逆向选择的行为，进一步会推动企业增加投资（Pe↑），社会总需求也会因此呈现上升的状况（Y↑）。

由此可见，资产负债表渠道最大的特点是，强调信息不对称下的逆向选择和道德风险，以及由此产生的对整个社会的破坏性作用。资产负债表渠道不仅关注短期社会产出，同时也关注长期的社会产出问题。

由以上分析，可以将各种货币传导机制的理论和具体传导机制，概括总结如表 2-1 所示，尽管货币政策传导机制存在多种理论，但这些理论并不是相互平行、相互独立的。利率是货币传导渠道的关键因素，是其他传导渠道的基础。其他渠道是利率渠道的补充和扩展，信贷渠道考虑的是市场信息不对称因素，信贷渠道中的资产负债表渠道，进一步考虑的是信息不对称下的逆向选择和道德风险问题。

表 2-1   货币政策的主要传导机制总结

渠道	理论	传导机制
货币渠道	利率渠道	货币供应→实际利率→投资→总产出
	托宾 Q 渠道	货币供应→股票价格→托宾 Q→投资→总产出
	财富效应	货币供应→股票价格→金融财富→消费→总产出
	汇率渠道	货币供应→实际利率→汇率→净出口→总产出
信贷渠道	银行贷款渠道	货币供应→存款准备金→银行贷款→投资→总产出
	资产负债表渠道	货币供应量 M→资产价格名义利率→企业净值现金流→逆向选择和道德风险→银行贷款→投资→总产出

2.1.2 融资约束

1. 融资约束的涵义

所谓融资约束是指当企业内外融资成本出现差异时，企业投资受到的约束。财务理论界对公司融资约束的研究日益增多，已有越来越多的学者投入

到该领域的研究当中，但是截至目前，对融资约束的定义仍未能统一。在以往的学术研究中，特别是在公司融资约束方面，鲜有文献对公司的融资约束进行明确的定义和划分，甚至还出现不同的学者对公司融资约束有着不同的理解。根据目前对相关文献的研究整理，学术界基本接受了如下观点：融资约束的内涵有广义和狭义之分。

广义上的融资约束是，由于信息不对称问题和代理问题的存在，企业内外部融资成本存在差异，这种差异将导致公司投资受到一定的约束，该概念最早是由斯蒂格兹和韦斯（Stighzt and Weiss）基于信息不对称理论和融资优序理论提出的。外部投资者和公司管理层之间信息不对称的存在，使得外部投资者要求较高的风险溢价，从而使得企业内部融资和外部融资不能相互替代，并且随着信息不对称程度越严重，风险溢价越高，企业外部融资成本上升，造成企业内外部融资成本之间存在着较大的成本差异。当两者的成本差异较大时，公司只能选择放弃外部融资渠道，仅通过内部资金进行融资，使企业投资受到了约束，即产生了融资约束问题。按照广义融资约束的字面定义，每一家企业都可能存在不同程度的融资约束。原因就在于在自由交易的市场中，企业在外部筹资上花费的交易成本不可能一成不变，这样就可能造成其与内部融资成本不同。

狭义的融资约束有两种涵义，一种是当内部资金不能满足公司投资需求，公司需要进行外部融资时，由于内外融资成本差异较大，超过了公司的所能承受的范围，以至于公司难以承受这种成本差异而无法融入外部资金。而另一种涵义聚焦于能否融集足额资金：公司投资不能只依靠内部融资提供，还需要一定数量的外部融资，但外部融资的成本较高以及信贷配给等各种原因使得公司融集不到足额的外部资金而受到了限制。所以通过对这两个涵义进行分析可以得出，后者是前者涵义中的一部分。第二种涵义是指企业无法对内外部融资成本产生的差额进行消化，进而不能满足自身的资金需求。

2. 融资约束的分类

（1）内部融资约束和外部融资约束之分。

对公司内外部融资约束的研究，起源于法扎里、哈巴德和彼德森

（Fazzari，Hubbard and Petersen，1988）与卡普兰和金格莱斯（Kaplan and Zingales，1997）之间的一场辩论。法扎里、哈巴德和彼得森（1988）三人最先提出造成投资/现金流敏感性的原因是企业融资约束这一观点，并在文章中采用投资/现金流敏感性对企业融资约束水平进行度量。他们通过理论分析得出公司融资约束与企业/现金流敏感性呈正方向变化，其结论得到了许多文献的实证支持。但这一结论并没有得到卡普兰和金格莱斯等的响应，反而遭到了他们的反对。卡普兰和金格莱斯（1997）对法扎里、哈巴德和彼得森（1988）文章中所选择的样本进行了仔细研究，并采用相同的数据再一次进行了实证分析，却也同样地得出了与法扎里、哈巴德和彼得森（1988）相反的实证结果，他们的结果显示，无融资约束的企业投资/现金流敏感性越大，即企业投资/现金流敏感性越大，那么公司融资约束水平也就越低。基于此，后续的学者进行了相应的研究，并分别给出了相应的解释。其中，学术界基本认可格瑞格尼尔（Guariglia，2008）的结论。格瑞格尼尔（2008）首次将公司融资约束按资金来源分为企业内外部融资约束，并在文章中指出，内部融资约束的定义是企业从自身内部留存收益获取资金的难易程度，外部融资约束则是指企业从外部如银行等金融机构获取资金的可能性大小；并通过理论分析认为，内部融资约束及外部融资约束之间存在着一定的相关性。在法扎里、哈巴德和彼得森（1988）的文章中，他们对公司融资约束的衡量采用的是股利支付率这一指标，得出的结论是投资/现金流敏感性随公司融资约束单调变化。根据格瑞格尼尔（2008）的解释，股利支付率这一指标衡量的是公司外部获取资金的可能性大小，即外部融资约束。而在卡普兰和金格莱斯（1997）的文章中，根据企业高层陈述的公司流动性相关内容衡量了企业的内部融资约束，并且得到了一个结论：融资约束对投资/现金流敏感性的影响并不是使后者随自身单调的变化而变化。

（2）资金价格约束和资金数量约束之分。

根据阿尔梅达和坎佩洛（Almeida and Campello，2001）两者的划分，公司外部融资约束由资金价格约束和资金数量约束组成。他们认为公司除受到资金价格约束外，还受到资金数量约束，虽然他们在文章中没有明确指出

融资约束是内部融资约束还是外部融资约束，但从文章的分析表述可知，他们所探讨的融资约束是公司外部融资约束。他们认为资金价格约束和资金数量约束产生的原因和对公司的影响效果有很大的差别，确定公司所面临的融资约束种类对解决此类问题具有重大的实际与理论意义。对上述两类融资约束的起源与发展过程梳理内容如下：

对资金价格融资约束展开的研究，同样也是起源于上文中两派学者之间的辩论。学者们通过对法扎里、哈巴德和彼得森（1988）与卡普兰和金格莱斯（1997）之间不同的研究结论比较发现，虽然两者得出的结论不同，但研究问题的基础是相同的，二者都是基于资金价格融资约束的研究。资金价格融资约束是融资约束在质的方面的体现，指的是由于企业的高融资成本，限制了企业所能融集到的资金数量规模。伯南克等（Bernanke et al.）最早对价格型融资约束开始进行研究，在文章中伯南克等借鉴格特勒（Gertler）与约塔基（Kiyotaki）等学者的做法。首先探讨企业净资产同企业外部融资约束水平之间的关联，然后再以金融加速器效应的形式将企业融资成本引入模型之中。随后，梅叶斯和梅吉拉夫（Myers and Majluf，1984）对公司融资价格约束进行了更深一层的研究，并最终提出了著名的融资优序理论。融资优序理论认为，当公司出现投资需求需要进行融资时，首选内部资金（保留盈余）；当内部资本盈余无法满足投资所需资金时，再利用外部融资渠道进行融资；在利用外部融资渠道进行资金筹措时，又会首先选择通过发行债券的方式进行筹措资金，然后才是进入股票市场通过股票发行的方式进行资金筹集。对于融资优序理论的机理，梅叶斯和梅吉拉夫（1984）利用信息不对称理论解释道，公司内部管理者比外部投资者更清楚公司的实际经营情况信息，二者存在信息不对称，外部投资者会基于这一信息不对称而提出更高资本成本率的要求。同时外部投资者提供资金时需要搜寻更多关于公司真实运营情况的信息，并由此产生了信息搜寻成本。为补偿此类成本，外部投资者同样要求较高的资本成本率，即企业应承担更高水平的融资成本，来弥补信息搜寻产生的成本。

公司融资数量约束则是融资约束在量的方面的体现。通常情况下，银行会根据企业可抵押的资产价值来判断其偿债能力，企业的借款能力通常会取决于其可抵押资产的价值，因此所融集资金数量规模无法满足投资需求时产生的融资约束划分为融资数量约束。约塔基和摩尔（Kiyotaki and Moore）最早开始对数量型融资约束进行研究，在文章中他们将融资约束与资产价格联系起来，即通过在模型中对企业债务数量进行一定的限制，使其不能超过企业所拥有的可抵押资产净值的一定比例。对公司融资数量约束的研究主要基于信贷配给理论。在融资价格约束中我们假定，外部资本市场存在着一种动态平衡，即外部资金市场总会通过自我调整而实现一种均衡状态。因此市场上只要有能提供高额价格投资的融资者存在，企业都可以筹集到一定数量的资金。扎菲和罗素（Jaffee and Russell，1976）和斯蒂吉茨和韦斯（Stigitz and Weiss，1981）同时在不完全信息理论的基础上解释了信贷市场的配给问题。银行存在的意义就是获利，他们会遵守利益最大化的原则，从多方面多角度出发去确定资金价格和信贷量。这在一定程度上证实了并不是每一个信贷申请者最终都能够得到理想的信贷资金数额，甚至很可能因为种种原因得不到银行信贷的支持。因此倘若公司无法从银行这一渠道得到外部资金支持，企业中存在的一些较高内含报酬率的项目就无法马上实施，从而产生了融资约束。

从对近年来关于公司融资约束的文献中可以了解到，学者们研究的融资约束绝大部分都指的是公司外部融资约束。对于资金价格融资约束和资金数量融资约束，大多数学者在研究中并未对此进行准确的区分与界定。

2.1.3　企业 R&D 投资

1. R&D 投资的涵义

研究与（试验）发展（Research and Experimental Development，R&D）是国际上通常用的科学技术专业用语。国际上对 R&D 支出的定义和测度最早可追溯到 20 世纪 40 年代，但却并未制定相应的规范，也并未引起非常大的重视。20 世纪 70 年代，联合国教科文组织（UNESCO）和经济合作与发展组织（OECD）先后针对 R&D 支出的含义进行了规范，并对其内容进行

了适当的分类。在此概念界定的基础之上,世界各国才开始陆续规范对 R&D 支出信息的详细统计。这就为对进行 R&D 的实证研究提供了可能。经济合作与发展组织定义的 R&D 内容为:人们基于系统而进行大量的创造,旨在不断拓展关于人类、文化和社会的知识层面,增加知识储量,进而能够更好地结合这些知识进行发明创造。联合国教科文组织定义的 R&D 内容为:为了不断扩大整个人类文化知识以及社会知识,并且能够贴合实际地利用这些知识去系统化地创造,造福于整个社会而进行的工作。R&D 通常分为三类:基础研究、应用研究和试验发展。为了便于对科技研究活动进行统计,我国国家统计局和科学技术部对 R&D 活动给出了和 OECD 基本相同的定义,并对每一类研发活动分别进行了详细准确的界定。所谓基础研究,是指人们在追求基本真理或探索基本知识的过程中进行的理论性试验,而不是为了达到某一特定目的的应用而做的相关研究活动。属于最高层次的 R&D 研发活动,其产出通常是科学论文及著作。在三类科研活动中,基础研究的不确定性最大,并且投入也十分昂贵,存在着"前期投入大,后期产出少,甚至无产出"的情形。所谓应用研究,是指人们为了某一个既定的方向和目标,在获得新知识的过程中所进行的具有创造性的研究。应用研究是在基础研究的基础上继续探索而成的,同时它也能够在后续过程中检验基础研究的正确性,其成果以科学论文、专著、原理性模型或发明专利为主要形式;"试验开发"则是指利用前两项研究的成果,如新的知识,为生产新产品,材料及装置或建立新的工作而进行的系统性工作,其成果形式主要是专利与专有技术。这三类研究活动构成了 R&D 研发过程中彼此影响、衔接的循环。

　　鉴于本书的研究对象是微观企业 R&D 投资行为,研究所需的数据是公司财务数据,因此有必要介绍研发活动在会计学中的定义。《国际会计准则第 38 号——无形资产》(以下简称《准则》)提到,企业基于对新知识、新技术、新科学的理解和应用,在研发过程中进行了计划调查,这个调查具有企业自身的独特性、创造性和探索性。为了区分自行研发的无形资产是否符合确认标准,《准则》规定企业应将研发过程人为地进行区分,划分为两个阶段,分别是研究阶段与开发阶段。研究阶段是企业为了获得属于自己的新技术或是其他的新成果过程中进行的计划调查。但是这只是过程中的一部分，只是为后面的开发行为提供了理论上的可行性资料准备。因此，前期已经进行了的研究活动是否能在后期转入开发，开发后是否会形成无形资产，这些问题在开发阶段并不能给出明确的答案。基于这个不确定性，在前期的研究阶段结束后并不会产生相应的成果。开发是将前期研究阶段所得到的结果，实际运用于企业后续的活动中，生产出企业所需要的成果，如新材料、新服务等。开发阶段与研究阶段之间有着很大的不同之处，前者是基于后者已经完成了的成果再进行工作的，所以可以明显地看出开发阶段已经有着形成最终新成果的基本条件。开发阶段中，企业已经基本可以确定未来获得经济利益的可能性了。《准则》规定企业会计人员应当根据研究与开发的实际情况加以职业判断，将研究开发活动划分为研究阶段与开发阶段。研发费用是指研究与开发某项目所支付的费用，也即研究开发成本支出。无形资产的会计准则对企业研发费用的核算进行了统一和规范。同时指出，企业的研发费用应有两部分构成。一是能够直接归属于研发项目的研发费用；二是虽然不能够直接判断归属于该研发项目，但是已间接发生，并且可以依据一定的原则进行分配的研发费用。研发费用的具体内容可以是研发部门人员及相关管理人员的工资薪酬、研发过程中所耗费的原材料、研发过程中涉及固定资产的累计折旧等其他费用。美国财务会计准则同样也对研究和开发这两个活动作了区分，并且对它们进行了详细的定义。研究是指对新知识有计划的探索或调查；开发则是指将研究阶段所发现的知识转换为实际应用，无论转换为实际应用的目的是自用还是外销。同时，美国会计准则中也同样指出，研发活动的成本项目同样有：研发过程中所领取的材料、研发部门及管理部门人员工资薪金、研发所使用固定资产的折旧费用、劳务合同及其他间接成本。我国新修订的《企业会计准则第 6 号——无形资产》是我国在加入世界贸易组织（WTO）以后，为实行会计准则国际趋同化，在充分借鉴国际会计准则相关内容的基础上，对我国研究开发支出会计核算与披露进行的修订。我国最新的会计准则也在不断向国际会计准则靠拢，针对企业的无形资产研发费用，也是划分为研究阶段和开发阶段两个阶段进行核算，这也体现

了我国会计准则的国际趋同化。我国新会计准则关于研究开发的定义是，研究阶段是企业为了获得属于自己的新技术或是其他的新成果，在这个过程中进行的计划调查；开发是将前期研究阶段所得到的结果，实际运用于企业后续进行的活动中，生产出企业所需要的成果。将我国新的会计准则与美国、国际的会计准则进行联系和比较之后可以发现，我国的定义在很大程度上与国际是趋同的，甚至可以说是一致的。研发活动是研究活动和开发活动两部分的结合，两者具有如下的关系：研究过程仅仅是针对的是应用研究，其不具有特定的目的性；开发则是将研究过程的成果试用于生产，具有一定的目的性，是在研究基础上发生的行为。根据上述对研究和开发两者关系的分析，前期研究阶段所投入的费用一般在核算中计入管理费用，因为它的发生并没有直接影响企业最终的研发成果。而开发过程中的费用支出则有可能形成最终的成果，即企业的无形资产，此阶段发生的费用与研发成果具有一定的直接显著联系。故此阶段发生的费用应进行区分判断后选择性地进入无形资产科目，即资本化。

无论在实务界还是在理论界，对于研发支出过程的会计核算记录，一直是一个亟待解决的问题，同时也是一个极富争议的话题。在理论上，综观世界各国对研究开发业务的处理，大致可以分为三种大类，分别是：费用化、有条件的资本化和资本化。和国际会计准则一致，我国新会计准则选择处理方法是有条件的资本化。我国《企业会计准则第 6 号——无形资产》明确地指出，企业在进行无形资产项目的研究开发活动中，研究阶段所发生的费用应归集于当期损益，开发阶段发生的费用应该在同时满足一定的条件后进行资本化处理，最终体现在无形资产的价值中。这些条件包括：（1）企业有足够的能力和技术支持无形资产的完成。（2）企业能够使用已完成的无形资产，并且有意将其转让且有能力找到买家。（3）无形资产或运用其生产制造出的产品在市场上有一席之地，并且企业通过市场交易可以获得经济利益。若无形资产要服务于企业内部，那么其必须对企业的生产经营等活动做出相应的贡献。（4）企业在完成无形资产研发的过程中，应当提供一定的技术、资金、资源等方面的支持以满足研发需要。（5）在开发阶段，企业无形资产的各项投入能够可靠计量。

2. R&D 支出的内容

企业 R&D 支出具体内容的构成各国差异并不大。企业研发费用是企业探索开创新技术、新产品等一系列创新活动中所投入的直接或间接的各项费用和支出。通常研发费用由直接研发费用和间接研发费用两部分构成。我国财政部门为了贯彻落实《国家中长期科学和技术发展规划纲要（2006～2020年)》，同时也是为了加强企业研发费用的管理，促进企业的自主技术创新，于 2007 年 9 月 4 日颁布了《关于企业加强研发费用财务管理的若干意见》。在该意见中，明确地列示了研发费用支出的内容条目，分别包括：

（1）为确保研发活动的顺利进行，企业直接消耗的原材料、燃料费用及相关动力费用。

（2）研发部门相关人员的薪金工资及劳务费用等。

（3）在研发过程中，企业使用相关的固定资产应计提的折旧费、租赁费。当固定资产在使用过程中出现了故障或其他问题时，发生的修理费等费用。

（4）企业使用内部无形资产或购买的外部无形资产用于研发活动，应当对其计提适当的摊销费用。

（5）用于研发过程中进行测试的费用、检验的费用以及在各个环节与研发活动息息相关的仪器制作费、购置费等。

（6）最终无形资产研发成功后所发生的验收、评估等费用，以及最终形成公司的无形资产知识产权所发生的申请费、注册费等相关费用。

（7）企业与其他单位个人之间以委托外包或合作等方式进行研发，在整个过程中企业应当支付的各种相关费用。

（8）能够判断直接属于企业研发活动的其他相关费用。

上述关于企业 R&D 支出的具体内容构成在会计上一般可归结为：（1）与研发活动有关的人工费用，包括参与研发过程管理人员的工资薪金及研发部门人员的工资薪金、福利费等。（2）研发过程中领用消耗的与研发活动相关的原材料或劳务费用。（3）研发活动所需固定资产的折旧费用。如企业

进行研发活动时使用到的设备、厂房等可分配至研发活动的部分。（4）研发活动过程中所使用无形资产的摊销部分。企业在研发过程中，可能需要从其他企业购买相关的无形资产来配合完成研发活动，那么该无形资产的摊销部分也应算入研发支出中。（5）管理费。在开展研发活动中，也会不可避免地涉及活动组织管理与协调，那么相对应的如企业管理人员的工资薪金、福利费等也应算入研发支出内。（6）其他费用。

在《关于企业加强研发费用财务管理的若干意见》中，财政部明确要求实务中企业应当按照以上内容设立研发支出明细账，并以承担研发任务的二级单位作为二级科目来对研发费用进行归集与核算。与此同时，财政部也作出相关规定，要求企业设置严格的审批程序和支出范围，以此来规范研发过程中发生的各项费用支出。当企业完成研发取得成果后，经相关部门核准备案形成知识产权。如果有存在与知识产权产生纠纷而发生的相关支出，如诉讼费、维护费等。此类支出同研发过程不再相关，不应计入研发支出中核算，而应作为管理费用中进行列支。如果企业在研发过程同时进行着生产活动和研发活动，那么在这个过程中所产生的各项费用，应该按照一定的标准对研发活动和生产活动的实际支出情况进行严格区分和合理划分。

3. R&D 投资的披露

由于我国资本市场尚处于不成熟阶段，对会计信息的披露也不够全面。在过去，我国资本市场并未对 R&D 的披露作出更多的规范。然而，随着科技创新越来越受到国家的重视，也随着我国资本市场逐渐地发展与完善，会计信息使用者对会计信息尤其是 R&D 信息的披露质量有了更高的需求。于是，在 2006 年 2 月 15 日颁布的新会计准则中，财政部对 R&D 支出的信息做出了详细的披露规范。在新修订的《企业会计准则第 6 号——无形资产》中不仅对研发支出业务的核算做出了新的统一规范，同时对研发支出的披露进行了进一步的规定与规范。

（1）规定了研发费用的单独披露状况。旧会计准则虽然对研发费用的归集问题做出了规定，即在没有特殊状况发生的情况下，计入管理费用。但却忽略掉了对管理费用的披露状况做出相关的规定。而新会计准则注意到了这一点，并对其做出了统一的规定。企业应当将计入当期损益的费用和计入无形资产价值的费用分别披露在报表附注中。由于在研发活动中研究阶段的费用支出应该予以费用化，通常计入管理费用科目进行核算，所以其应当在"管理费用"科目明细下披露明示。

（2）根据研发费用实际发生的阶段和性质，分别以费用化和资本化进行处理。这种新的处理方式也在向国际会计准则和英国会计准则逐渐趋同。而与此同时，这样的会计核算方法也会在一定程度上使 R&D 支出的披露更加规范化。首先要求企业分别披露费用化研发费用和资本化研发费用的相关数据；其次要求发生了资本化研发费用的企业，应当在研发成果达到预定可使用状态的时候，及时将资本化费用转入无形资产。在这个过程中，由于按照企业会计准则，无形资产需要进行摊销并在报表中进行披露，同时对无形资产的摊销方法应在报表附注中说明其使用方法与年限，并给出足够的理由，在这一方面来说，也会使资本化的研发费用信息披露在一定程度上更加透明准确。

另外，我国会计准则严格要求指出，企业发生的每一项支出或费用，都应该遵守"权责发生制"和"收付实现制"，并在相应的财务报表中体现出来。在 2007 年之前，只有研究成果在最终阶段发生的工商注册费等费用应当计入无形资产，R&D 支出的其他费用都不会计入无形资产。但从 2007 年 1 月 1 日开始，研发活动中的开发阶段所发生的 R&D 支出，能够判断直接归属于无形资产的费用，也就是能够资本化的研发费用，应当转入无形资产的同时也应在资产负债表展现出来。由此可见，记入现金流量表中的 R&D 支出信息不受会计准则变化的影响，故该数据客观、公正、连续、可比。另外，与西方发达国家相比，我国绝大多数企业还没有健全的研发机构，也没有专职的研发人员，即使是兼职从事研发工作的人员也不多，尤其是从事基础研究方面。显然这一现象会严重限制我国企业自主技术创新能力。但同样，这个原因也可能导致企业 R&D 披露的不规范。

2.2　文献综述

2.2.1　融资约束与企业 R&D 投资的文献综述

1. 国外相关文献综述

完美的外部资本市场存在的一个显著的特征是交易双方信息必须完全对称，换句话说，完美资本市场不存在道德风险问题，并且也不存在逆向选择的问题，凭借某项项目的现金流量净现值便能考虑该项目是否能被投资，投资战略的选择与决策更是被拥有多少不同的投资潜力和机会所定论，从而与融资方面并无太多关联性（Modigliani and Miller，1985）。然而，在实际中这种所谓的完美市场并不存在，信息不对称以及存在的代理成本问题（Jensen and Meckling，1976）令众多企业的投融资之间保持息息相关。诸多规范理论研究以及实证剖析均表示，企业在融资方面受到约束的限制对其所做的各项投资方面的决策起着重大而显著的作用。理论规范而言，市场的不完美形成融资约束，具体可细分成两类：第一类是外部融资时的市场价格约束，也就是查特拉因（Chatelain）在 2003 年研究发现的第一种、第三种约束；第二种是外部融资时的数量约束，同样也是国外学者查特拉因在 2003 年通过深层分析表明的第二种、第四种约束。梅叶斯和梅吉拉夫在 1984 年得出全新的观念：融资优序思想，这种思想是以与企业相关的各类信息的不对称性为基石的，而在外部融资时市场价格约束类别最早便起源于此，因市场交易会有成本的产生，而企业进行权益性融资会向外界传达企业经营状况不良等劣势信息，所以企业外部融资优序认为企业通常应该优先考虑低成本的内部融资，其次是外部银行借款、发行债券等债务性融资渠道，最后是资本成本率偏高的权益性融资渠道。梅叶斯之后对融资的先后顺序进行深层次研究，系统分析了构成企业融资时约束因素的内部逻辑和体制，从而关联性地结合了企业投融资行为。如果企业内部面对的公司总价值要大于外部资本市场表现得出的公司价值，那么投资人往往存在是否逆向抉择的问题，致使其产生对高报酬的要求，意味着企业若通过外部融资其成本会有所增加。实证角度而言，沃森和威尔逊（Watson and Wilson，2002）发现若企业内部、外部各类相关的信息存在不对称，并且这样的不对称性程度偏差较大时，往往会形成高融资成本，而融资成本的增加也直接导致了公司资本成本率的提高，对于一些原本利好的投资项目可能造成净现值小于零的情形，使得公司不得不放弃这些利好的投资项目，进而对投资产生影响。在对企业外部融资时的数量约束研究过程中发现，其理论基础主要来源于信贷配给理论，原因是众多国外学者（Jaffee and Russell，1976；Stiglitz and Weiss，1981）利用上述理论对信贷市场配给问题进行了解释。他们认为，银行在制定信贷发放政策的时候，总是将获得最大的收益作为最终目的，以此来决定资金的价格和市场上企业的信贷额度，这可能会在一定程度上导致公司在最需要资金的时候无法获得足额的资金。

目前有众多文献考虑企业在进行投资过程中存在的现金流敏感性是否可以充当企业在决定投资行为时所面临的融资约束的替代变量，对此研究结果涵盖着两种截然不同的认知。法扎里、哈巴德和彼得森（1988）等通过研究企业在进行投资时现金流量的敏感性与进行融资约束之间的关系，显示企业进行投资时面临的融资约束变量与企业进行投资存在的现金流的敏感性变量呈正向相关关联，此结果首次探讨了两者变量之间的关系。卡普兰和金格莱斯（1997）却得出了不同于其他学者的结果，经过各类数据实证研究显示企业进行投资时面临的融资约束程度与企业进行投资时存在的现金流的敏感性呈负相关。卡普兰和金格莱斯（1997）和法扎里、哈巴德和彼得森（1988）的这两种截然相反的观点也得到了学者们的普遍关注。格瑞格尼尔（2008）提出企业的融资资金存在两种来源渠道，所以可将企业的融资约束分成两种，第一种是企业内部资金融资约束，第二种是企业进行投资时面临的外部资金融资约束，可以衡量宏观环境外部资金可得性的就是企业进行投资时面对的外部融资约束。格瑞格尼尔（2008）认为法扎里、哈巴德和彼得森在 1998 年采用是股利支付率来衡量企业的外部融资，而卡普兰和金格莱斯在 1997 年采用的是企业内部的现金流量来衡量企业的内部融资，所以

两者结论不一致。莫扬（Moyen，2004）则通过对同一样本采取五种不同的方法去衡量融资约束，使得上述截然不同的两种观点都得以验证。德克和汉纳（Dirk and Hanna，2011）针对普通资产投资和 R&D 投资两类，分别与企业内部现金流存在的关系进行了研究，并得出影响 R&D 投资更大的是内部融资的结论。

2. 国内相关文献综述

融资约束变量如何作用于企业的投资数额以及投资行为，在融资约束对于企业投资行为的作用方面，国内学者也做过诸多研究并取得突破进步。大量的文献进行实证研究表明我国上市公司几乎普遍存在融资约束困境，特别是高新技术公司面临着更为深度的 R&D 投资融资约束困境。胡杰和秦璐（2013）通过研究发现我国企业 R&D 投资存在显著的融资约束，并且主要依赖于企业的内部现金流量。曹献飞（2014）通过获取公司层面的各项研究数据对公司面临的融资约束进行了研究，发现针对企业的 R&D 投资而言，无论是企业内部抑或外部的融资约束困境都会对企业的研发投资产生一定影响，但是其程度与企业的所有制形式密切相关，比如内部融资困境相对于国有企业并无显著性作用而言，对民营企业的 R&D 投资作用更大，而外部融资约束对于所有类型企业的 R&D 投资都有影响。戴小勇和成力为（2015）表明金融行业的发展会作用于融资约束方面，低水平的金融发展状况通过融资约束使得企业的 R&D 投入不确定、进行 R&D 投资的企业数量占比低下、国有企业的 R&D 投资受到主导等。刘任重（2019）同样通过研究发现由于上市公司外部融资的成本较高，内部融资较为方便，所以内部现金流对企业的 R&D 投资有很大的被依赖性。然而，也有部分学者研究提出与经典结论相反之结论，顾群和翟淑萍（2011）获取数据采取实证研究的方式得出结果：如果企业受到的融资约束程度越高，那么随之企业 R&D 投资越低，并且对于高新技术企业而言融资约束的程度与其进行 R&D 投资所依赖的内部融资数量呈正相关，即高新技术企业融资约束程度越高，对其进行 R&D 投资所需的内部融资数量的依赖性越大。顾群（2012）提出，融资困境产生的代理成本等有关负向作用使得融资约束程度与 R&D 投资效率的提高显著正相关。徐玉莲和王玉冬（2015）认为，刚上市之后的企业能够向外界传达良好的财务信息，与上市之前相比融资困境程度缓解，但是上市时间延长之后企业形势稳定，企业融资约束困境又会逐渐产生，R&D 投资会受到融资约束的正向影响。魏刚（2016）实证表明，自 2007 年开始，企业的 R&D 投资效率约为 0.6，R&D 投资效率的大小与企业的融资约束程度具有相关性，而刘文琦（2018）从行业的异质性出发，通过最新的实证研究发现，融资困境越大，融资约束与企业的 R&D 投资正向相关，但是融资困境却存在一个临界值，当企业的融资困境下降到此临界值时，融资约束与企业的 R&D 投资便是负向相关。

对于融资约束变量与企业的现金流敏感性变量可能存在的关联性，国内众多学者通过各类方法实证研究得出的结果也存在矛盾。付雯霏（2018）认为，企业遭受的融资约束不同意味着其进行投资时能够运用的资金量不同，所以 R&D 投资会与企业内部自身的现金流敏感度相关。冯巍（1999）率先引用了 FHP 模型将公司多年的经济财务数据分组，具体分组形式为存在与不存在融资约束两类组别，通过研究分析后，他发现现金流敏感性在融资约束组和非融资约束组这两组企业中的表现是不相同的，前者比后者表现得更加强烈一些，这与何金耿和丁加华（2001）的研究分析结论存在异曲同工。魏锋、刘星（2004）选取了制造业自从 1998 年以来的 5 年数据，将其按股利支付率进行分类，用以判断融资约束的程度，同时对融资约束变量与现金流敏感性变量分组研究，最终得出的结论与冯巍等一样。唐清泉和肖海莲（2012）对企业模式进行划分，得到两者均存在 R&D 投资—现金流敏感性，并且均呈显著正相关。连玉君和程建（2007）实证研究得出了不一样的结论，其考虑后提出企业的融资约束程度与企业的现金流敏感性是反向相关的，表示如果企业受到各方面融资约束程度低的情形时，会更多比例地进行投资。马国臣等（2008）使用财务管理盈利能力等指标，运用主成分分析法综合计算衡量企业成长的能力，发现国有控股性质的企业现金流敏感性与企业现金持有正相关，随着现金持有的增多，企业也会更加注重 R&D 投资，更容易导致过度投资行为。赵岩（2013）通过大量的数据研究得出，

如果企业在很长时间内资本总额不发生任何变化并且始终是一个固定的值，那么企业的融资约束和现金流敏感性这两个变量之间的关系可以用 U 形变化来描述。

2.2.2　货币政策与融资约束的文献综述

1. 货币政策对融资约束的影响

调整货币政策会显著作用于企业外部融资环境，货币政策之所以会显著作用于融资约束，其理论原因在于现行的信息经济学理论以及代理理论，例如大多数国内外学者研究得出的结论一样，紧缩的货币政策使得企业债务性性质的借款成本有所增加，继而使得企业的外部融资约束程度随之变化。货币政策影响企业融资约束的渠道有三个：利率传导渠道、资产负债表传导渠道和银行信贷传导渠道。利率传导渠道最早是由凯恩斯（J. M. Keynes）论证得出，基本原理如下：当政府采用扩张的货币政策时，市场上的货币供应量（M/P）会显著增加，这会导致货币市场的供给大于货币需求，即（M/P）>L。货币市场上的利率降低，在某种程度上说明资本的价格也在下降，即没有以前的价值高。与之相反的是，社会投资总额会因大量的私人投资和公共投资数额的增加而不断增加，这一现象是市场机制旨在平衡货币市场所进行的一系列操作。资产负债表传导渠道是相对于非强势有效的市场而言的，如果金融市场并非强势有效，那么市场之中各交易主体之间的信息也存在着不对称性，当政府当局采用紧缩货币政策时，利率的上升和实际经济增长的放缓会使得企业的融资成本增加和企业的投资减少。银行信贷传导渠道也是经过宏观货币政策的可能的影响发生作用的，通过作用于实体经济的方式予以信息传导。叶康涛和祝继高（2009）大量金融数据研究表明，宽松或紧缩的货币政策都能影响银行的信用贷款金额从而作用实体经济，比如国家监控施行紧缩的货币政策时，银行会缩减信贷额度，那么企业从银行获得的信贷融资额会大幅度地缩减。陈胤默（2018）提出紧缩时期的货币政策对企业进行投资时的融资约束作用更加显著，那么企业对外投资时会被融资困境的抑制作用影响，并且这种影响在金融危机时期表现得愈加明显。饶品贵和姜国华（2011）则认为当货币政策由宽松转为紧缩时，企业面临的经营不确定性会增大，企业对于银行贷款的需求量会上升，然而由于企业处于不确定的市场环境中可能令其经营风险增高，从而使得银行难以通过各项金融工具判别企业未来的预期营运能力和偿债能力，为了避免风险的提高，银行会相应减少其信贷过程中供应总量，从而加深了企业的融资约束程度。李顺彬和田珺（2019）通过研究得到，在货币政策适度的水平状况下，整个融资市场环境较为温和，受融资约束影响大的企业会加大金融资产的投资额度。

有些学者研究发现货币政策不仅增加了公司的融资约束程度，同样也对企业融资方式产生了影响。斯坦因和威尔科克斯（Stein and Wilcox，1993）分析了当货币政策收紧时，银行相关政策方针会相应变化，比如进行商业贷款融资、票据融资会随之变动，发现公司受到货币政策的冲击时，企业从银行获得的信贷量会显著减少，更多的是利用商业票据进行相关融资。但是，格特勒和吉尔克里斯特（Gertler and Gilchrist，1993）和奥里纳和鲁德布施（Oliner and Rudebusch，1996）对此却作出了不同以往的解释，表示为短时间的融资，即短期融资的需求是逆周期性质的，当外部宏观货币政策紧缩时短期融资需求是在不断加大，因为企业信贷市场的级别程度不同，高低不同程度级别的借款者筹集资金的难易程度不同，比如低级别的借款人依赖于中介单位，而高级别的借款人相对于低级别借款人而言会更加方便进入票据市场进行筹资，因此当货币市场上出现紧缩货币政策的时候，高级别借款人可以发挥其在票据市场的优势，能够有更多获得票据融资的机会，所以紧缩的货币政策会作用于不同等级借款人、不同程度融资约束。科拉契克和利维（Korajczyk and Levy，2003）在此基础上进行了更深入的剖析，以进行投资时面对的融资约束指标为核心，在该指标的基础上将公司分为两类，得出的结论就是企业面对的融资约束现象的有无呈现出的是其目标财务杠杆率的变化，分别表现为顺周期性、逆周期性，如果企业正面临融资约束困境，那么回购或者融资的方法选取与企业最优的目标资本结构相比有所偏离和偏差，对于无融资约束的企业，宏观经济环境能明显作用于企业。卡勒和斯图斯

（Kahle and Stulz，2013）通过研究表明在繁荣时期，那些盈利能力差，甚至信用评级较低的企业也可以获得多种方式的融资，如股权融资和债权融资。但在经济发展不景气的时期，由于融资环境变化，一些企业虽然资质较好，融资周期性却也相对较差，而那些资质差的企业在融资上更会面临重重困难。

2. 货币政策对融资约束的影响存在差异

众多国内外实证研究结果表明，对于不同性质的公司而言调整宏观货币政策对其外部融资约束的作用水平是有偏差的。格特勒和吉尔克里斯特（1993；1994）研究表明，在金融传导机制的影响下其作用程度在经济繁荣与衰退时是不同的，一些研究者提供了这种更明显作用的证据。奥里纳和鲁德布施（1996）表示当施行紧缩的外界宏观货币政策之后，小规模公司的现金流与固定资产投资的正相关关系要比大规模公司的现金流对固定资产投资的正相关关系要大。龙迪、萨克、申塔雷利和森贝内利（Rondi，Sack，Schiantarelli and Sembenelli，1998）对意大利的众多公司进行分析，结果发现小规模公司中存货数量、投资额数量对其利息保障倍数的敏感性相较于大规模公司而言更高。库利和夸迪里尼（Cooley and Quadrini，2006）构建了平衡分析模型，深入探讨了融资变量对于不同类型和性质的企业而言其生产、投资的作用如何，在宏观经济环境遭到货币政策的严重冲击下，大小规模企业的接受程度表现不同，小规模企业的应变的敏感性更强，同时发现货币政策冲击会导致股票收益发生较大的波动。阿塔纳斯和威尔逊（Atanasova and Wilson，2004）以是否存在借款约束影响将企业进行分类，包括存在借款约束与不存在借款约束，探讨了英国的货币政策之下，其传导机制对中小企业的银行信贷额度的作用，结果表明企业自身的资产能强有效缓解信贷变动引发的借款约束。哈尔等（Haa et al.，2006）认为，货币政策的执行对不同的企业有不同的影响，特别是针对是否有能力提供抵押品的企业。若受到货币政策冲击，这些性质不同的企业应承担的损失会不相同。贾丽平等（2017）研究发现，对于国有企业和非国有企业来说，货币政策的调控对它们有着较大的影响，拉大了它们之间的存在的融资约束差异的程度。面临相同的外部融资约束时，国有企业会受到扶持，与之相反的是非国有企业会面临重重困难。谢军和黄志忠（2014）表示，外界宏观的金融市场是能够优化货币政策传导机制的，外界宏观金融生态环境的良性发展在一定程度上减缓了货币政策对融资约束的作用。张朝洋和胡援成（2017）同样通过研究发现，审慎原则起到缓解融资约束的作用，其中包含的公司限于非国有企业性质的公司、整体规模较小的企业以及金融发展较为低下区域的公司。李连军和戴经纬（2015）则认为，会计政策是否具有稳健性也会对公司的融资约束困境产生作用和影响，表现为若宏观会计政策越具有稳健性质，便越能缓解融资约束，并且此缓解作用在非国有性质的企业表现得更加明显。綦好东、曹伟和赵璨（2015）发现如果地方政府的行为质量越高，那么货币传导机制的作用和影响更加得以优化，而越发优化的传导机制越能减轻融资约束，这样的影响深化了宽松货币政策的缓解优势，并且在高融资约束的公司内其缓解影响和深化机制更加明显。

2.2.3 货币政策与企业 R&D 投资的文献综述

1. 货币政策有效性的研究

货币政策的本质便是运用货币政策工具通过调节货币供应量为中央政府实现理想的宏观经济目标，起到对宏观经济环境的调节作用，然而货币政策有效性吸引着众多学术、实务学者们的探索和深入研究，货币政策的有效性决定着货币政策的调整目标实现，通过相应的渠道对宏观经济产生影响。凯恩斯学派相信货币政策的有效性，其认为货币政策影响利率变化，利率变化影响企业投资行为，但是中国社科院认为货币政策的有效性作用不足，其曾在 1999 年发表《投资、周期波动与制度性紧缩效应——当前中国宏观经济分析》便表明基于中国经济的实际运行情况，银行利率的降低并没有产生理想的民间投资增加的结果。马瑞华（2002）基于弹性视角计算出利率弹性系数大于 1，即利率的变动引发货币政策的有效性会产生更大作用和效果。汪红驹（2003）支持货币政策有效观，需要从三个方面进行研究探讨，分别是货币政策影响实体经济、货币政策传导机制、货币政策的实践经验。

刘金全和云航（2004）研究发现了货币政策的内生性，而且货币政策短期无效的理论并不存在。朱新蓉和李虹含（2013）运用向量回归方法，对2007 年以来的 7 年数据进行企业的货币和投资现值分析研究，综合国内外学者的货币政策分析，对货币政策有用观进行总结：货币政策的有效性与时间长短有关，短期内货币政策是有效的，能够影响企业的现实产出和筹资、投资行为，但是货币政策在长时间（即长期内）是无效的。徐梅（2019）以中美两国的贸易交流为背景，分析表明在此宏观背景下货币政策是有效的，能够促进经济的发展，抑制通货膨胀的发生。中国人民银行总行张云帆（2019）提出，经济新常态下的货币政策转型使得我国货币政策目前具有实现价格调控的意义，并且在财务方面也能够起到一定的约束作用，使货币政策越发具有有效性。

2. 宏观层面——货币政策与企业 R&D 投资研究

经济学家们很长时间都在关注货币政策和投资存在怎样的关系，如今国际贸易随着国际经济的发展而越发壮大，利率的变动会引发企业投资更大幅度的变动，所以货币政策必定要考虑利率这一变量因素，运用多种工具影响利率，比如存款准备金制度、再贴现制度、公开市场业务等，再通过利率间接作用于资金供需，最终对企业 R&D 投资产生作用。理论的发展过程演变出不同的结果：在较早的新古典理论以及凯恩斯理论时期，外界宏观经济环境中利率水平的高低与投资规模及经济发展状况负向相关，当在外界宏观经济环境中利率水平降低时，那么企业的投资规模会越来越大，经济也会愈发繁荣。然而，麦金农（MciKnnon）和肖（Shaw）在 1973 年提出的"金融抑制"观点引发轰动，大众开始对之前凯恩斯和新古典理论观点提出了疑问，他们发现在发展中国家都有着一个共性，那就是流动性约束。当市场上的利率变得很低的时候，金融机构由于多种原因会减少资金的供给，但与此同时，低利率的资金也会刺激更多的外界机构加大其对资金的需求量，从而能够进行更多的投资活动。而这种需求是一种超额需求，这种超额需求与进行投资时资金供给的非平衡性会引发金融机制低效、寻租等劣势后果，最后不可避免会对投资的数额和投资质量的提高产生不良影响，所以麦金农和肖认为发展中国家应该施行利率自由化以及市场化的变革，原因是如果发展中国家的流动性被限制，那么较高利率水平便能够增进大众储蓄，继而银行储蓄的增加会增加国家资金总额，最终提高均衡的 R&D 投资水平。

我国学者对此问题也进行了深入讨论。张合金（2000）探究了企业扩张规模时货币政策能够充当怎样的角色，考虑了货币政策对企业投资的规模是如何评价的，并分析目前货币政策在扩大企业投资规模时的重要阻碍，提出了一些对策，但是此项结论的得出并没有足够的数据支撑，也没有进行各项实证研究予以分析。吴菲和魏义俊（2000）采纳 1984 年以来的 4 年数据对利率变量这一货币政策工具与投资变量之间的相关性进行实证研究，结果表明利率变量与投资变量正相关，利率降低时大众储蓄会减少从而转向企业投资，进而带动经济增长。李广众（2000）认为麦金农和肖的研究结论在中国范围内并不成立，外部宏观经济环境中实际利率的降低对于投资规模的增大和增长颇有优势，我国国有企业相对民营企业在获得资金上存在先天优势，当宏观利率较高时，国有企业的逆向选择和道德败坏行为发生的可能性会更大，实际利率的主要作用是影响投资的数量。常晋峪（1999）便表明货币政策中利息的降低也会促进投资的增加。从另一角度来说，部分国内学者也得出不同的实证分析结果，尚煜和王慧（2008）利用 1996 年的财务经济指标和数据，对外界宏观货币政策的利率上升和下降一一进行研究，定向考虑了利率变化对投资的弹性变化影响，并且认为当投资总额不断稳定增长时，利率的变动与投资规模数量呈现负相关关系，即利率下降时，与宏观经济理论相同的探析结果就是投资总额上升，在采取扩张性的货币政策时期，宏观货币政策的利率变化对投资的作用依旧满足一定的条件规律，宏观经济实际利率的增长使得其作用下的利率的弹性值为正，但是所构建模型中其金融贷款系数回归 T 值并不显著，利率系数的回归 T 值也同样是不显著的结果，意味着宏观经济利率的变化对企业投资力度的解释强度较弱。李小美（2017）的研究结果认为货币政策对企业 R&D 投资具有明显影响，紧缩的货币政策会抑制 R&D 投资，而宽松的货币政策会激励 R&D 投资。赵岩和林莉（2018）通过分析 1997 年以来 11 年的经济数据考察出货币政策对企业的

R&D 投资是具有正向作用的，并且货币政策能够调节企业 R&D 投资和促进企业技术的进步。

3. 微观层面——货币政策与企业 R&D 投资研究

在微观基础研究上，推行货币政策对于企业 R&D 投资决策行为的影响主要是通过这一政策的传导渠道而进行的。货币政策传导渠道主要有以下三种：传统的货币渠道、银行贷款渠道以及资产负债表渠道，通过调整货币政策三种不同的渠道，会对企业进行融资规模与融资成本决策产生影响，又会直接影响公司投资的预期收益，因此可以从"投资需求侧"和"融资供给侧"两个方面来分析货币政策对企业资本投资决策行为的影响。

（1）"投资需求侧"，即从企业投资对货币需求角度进行讨论，在央行推行紧缩性货币政策背景下，这种对企业投资行为的影响也会以货币政策的渠道进行传导。首先，当央行收紧货币政策时，使得银行针对企业贷款的利率上升，企业使用借贷资金成本增加，进一步地抑制了企业在 R&D 上的投资需求程度；其次，货币总供给减少在一定程度上会影响社会总需求，并最终很可能会导致市场上商品供过于求。胡（Hu，1999）在探讨研究货币政策的变化与公司投资之间的关系时得出，如果货币政策在一个时期内出现变化，市场上的利率会上升或者下降，从而导致融资成本增加或下降。那么面对这些变化，公司就会有不同的融资需求，也会采取不同的投资方案。特尼内曼和马蒂亚斯（LtlLtlnnemann and Mathias，2001）结合整个卢森堡的情况，运用公司数据为样本来研究货币政策的传导机制所产生的影响，他们得出的结论是：加速因子在一定程度上能够通过出售发挥作用，货币政策能够显著改变货币资金成本，而货币资金成本率与其整体投资效率是呈负相关关系的，他们同时发现公司存在的某些特征，根据广义信贷渠道理论对企业投资行为的影响以及针对企业的个别资产负债表，外部市场利率会因收紧货币政策而上升，使得企业的融资条件变得不利。面对不断变少的融资渠道和不断上升的融资成本这样的不利局面，企业的 R&D 投资能力和 R&D 投资需求在很大程度上会遭受到约束，但企业也束手无策，因为它们筹集到的资金非常有限；当市场上的货币政策为紧缩政策时，利率升高，社会总需求降低，从而也会降低整个销售行业的营业收入。当看不到明确的市场前景时，企业出于维护企业稳定发展会减缓 R&D 投资的力度，从而使得整个社会的投资需求出现不足。杜钦等（Duchin et al.，2009）指出，如果一些企业过度地依赖银行体系，在面对货币紧缩变化时，它们会在一定程度上减少投资，进而失去较多价值高的投资机会。孙骏可（2019）通过大量数据研究表明，在货币政策紧缩时期，金融市场上最短缺的资源就是信贷资金，而风险投资在一定程度上有效缓解了企业融资约束，发挥其"认证效应"，特别是对于存在有风险投资的企业，更具有深刻的抑制约束影响。

（2）"融资供给侧"，从银行针对市场所能够供给的资金角度去分析，同样地在央行采取收紧货币政策的背景下，这种对企业投资活动的影响也会以货币政策的渠道进行传导，由于社会可借贷资金的供给总额也在其影响下减少，银行等信贷机构会因紧缩的货币政策而减少信贷数量，这将导致"融资供给侧"间接地对企业 R&D 投资支出产生约束的影响。卡什亚普等（Kashyap et al.，1991）认为在收紧货币政策时，银行会减少针对企业的资金供给，从而影响到企业的投资活动。瓦尔德拉玛（Valderrama，2001）搜集了奥地利的企业数据资料，在剖析货币政策的信用渠道时，他得出的结论是所有企业都无一例外地受到了这一政策信用渠道的影响，但是，对公司进行分类研究后，利率渠道对不同公司的影响各不同，新成立企业受其影响较小，而出现这种情况，最可能是因为新兴成立企业的投资资金来源是其销售活动所产生的现金流入。根据信号理论，央行的关键目的是代表政府对外释放出一种经济信号，之所以收紧货币政策，这其中对于经济发展情况过快过热和对未来市场物价的上涨有所顾虑，而此时央行的政策意图也需要银行等金融机构的积极配合，通过放缓融资供给来抑制 R&D 投资过热。货币政策收紧会导致企业非流动资产的重估值下降，从而削弱了企业的融资担保能力，这也会减少银行等金融机构对企业的融资供给。加西亚·波萨达和马尔凯蒂（Garcia - Posada and Marchetti，2016）基于欧洲中央银行大量数据得出，受到货币政策的影响，金融机构信贷供给有明显的变化，通过非常规政策的实施，能够在一定程度上提升信贷意愿，改善企业融资困境，促进金融机构对企业的融资供给。

　　近些年，越来越多的国外学者选择从微观角度去研究企业的投资行为受货币政策的影响情况和程度。卡尔克鲁斯（Kalckreuth，2001）在进行研究分析时，以德国企业的运营数据为实证样本，得出结论：在现有国内公司数据和市场名义利率的基础上，每增加 100 个利率基点，在第一年的运营时间内，将使得德国企业在针对固定性的资本投资比例上降低 4%。在现有货币政策下研究其信贷渠道时，针对公司的信用风险等级水平研究能够识别出资产负债表渠道因素能够发挥作用。与非融资约束公司相比较，当企业融入资金的条件受到制约，其在投资活动的敏感性相较于企业的内部资金有所增强，而相较于向企业外部市场融资的需求及使用资金的成本的敏感性降低。他同时发现，公司投资的需求受其自身等级的变化影响，这与资产负债表渠道的存在性一致。他发现公司在市场上存在等级现象，并且企业的等级还会发生变化，这一变化还会进一步影响公司的投资需求，这一行为和资产负债表渠道的存在性是相同的。国内现有的文献大多是从宏观经济方面去研究我国所实施的货币政策是如何影响企业经营行为中的投资活动与公司投资之间的关系，而选择从微观的角度去进行研究的文献不足。吴建环（2004）在研究我国已经上市的高科技企业受货币政策的影响情况时，从多个角度进行了展开分析，研究发现：在已经上市的高科技企业的投资活动中，绝大部分的投资增量来源是银行存款；已经上市的高科技企业在相关性上，与国家推行的连续性货币政策的综合评价指标呈现出正相关关系，可以看出，已经上市的高科技企业的投资行为能够由国家推行的货币政策进行连续性的解释，但针对这种情况所能够进行的解释力度不够强。已经上市的高科技企业的投资活动受货币政策的离散性影响是比较显著的，我国已经上市的高科技企业的投资活动针对各种政策的提前反应行为，在货币政策下表现得尤为明显，在经济发展进入紧缩（甚至是萧条）的时期，他认为高科技上市公司的投资行为会明显受资产负债表的影响，当公司资产负债表呈现出来的状况不十分理想时，即使是货币政策微小变化或调整，都会对企业的微观投资及创新行为产生巨大影响。陈艳（2012）认为企业所拥有的投资机会以及与之相关的 R&D 投资金额会因货币政策而发生改变，而且这种影响与货币政策的类型有着必然的联系，企业在宽松的货币政策下缓解了其存在的融资约束问题，使得企业的相关投资额能够得到正向的调节。邱静（2014）认为货币政策是经济政策的一个重要组成部分，实施起来会对企业的投资行为产生直接的影响。当实行宽松的货币政策时，市场上的货币总量会随着货币发行量的增加而增加。首先，会使得公众增加手持的货币量，促进了消费以及刺激了需求，市场上潜在的投资机会也会增加。其次，货币发行量的增加在一定程度上也减少了对企业的融资约束，由于银行等金融机构的信贷金额的增加以及利率的降低等原因，企业有很大机会获得信贷借款。肖虹和肖明芳（2014）指出，政府推行的各种货币政策，会不同程度地影响企业的研发投入。例如，当政府推行紧缩的货币政策时，企业会根据这个变化的政策相应地减少 R&D 投资。然而针对国有企业和非国有企业两种性质截然不同的企业，货币政策对它们的影响程度是不同的，非国有企业因为存在很多因素影响，会拥有比国有企业有更多的 R&D 投资。企业高层在进行投资决策时通常会考虑货币政策对其的影响，比如对投资的现实影响和对未来风险的预测等，但企业高层更倾向于风险性投资，风险越大，他们会进行更多的研发投入，这一关系可以表现为 R&D 投资和高层风险偏好呈正相关关系，所以货币政策会进一步影响到企业 R&D 投资活动的强度水平。刘胜强和常武斌（2016）在研究我国企业的会计信息稳健性时，选取了沪深股市中 2007～2014 年 A 股上市企业数据，分析得出：从整体上来看，我国企业的会计信息在一定程度上表现得相对稳健，特别是当政府推行紧缩的货币政策时，这种稳健程度会表现得更加显著，进而通过这种高度的稳健性对 R&D 投资产生一定的影响；还通过其对国有企业和非国有企业两类不同性质企业的影响程度进行比较，发现非国有企业被影响的程度更深、更为显著。李冬生和张玲红（2016）认为货币政策和融资约束都是影响企业 R&D 投资的重要原因，且融资约束是货币政策对企业 R&D 投资影响的核心机制。

2.3　本章小结

　　本章对本书涉及的货币政策、融资约束、R&D 投资三个重要概念进行阐述。货币政策主要介绍了货币政策的涵义、货币政策有效的前提条件、传导机制、传导渠道等；货币传导渠道主要介绍了利率渠道、汇率渠道、托宾 Q 渠道和财富渠道；信贷渠道主要有资产负债表渠道和银行存款渠道等。融资约束主要介绍了融资约束的涵义和分类；其次介绍了 R&D 投资的涵义、内容构成以及披露方式等；最后对本书涉及的文献进行了系统的归纳和总结。

第 3 章

货币政策、融资约束
与企业 **R&D** 投资三者
关系的理论分析

　　本章拟从理论上分析货币政策、融资约束与企业 R&D 投资三者之间的关系。为了与后面章节的分析相对应，本章将分为以下三个小结进行分析：3.1 货币政策对企业 R&D 投资的影响相关理论分析；3.2 融资约束对企业 R&D 投资的影响相关理论分析；3.3 货币政策通过融资约束影响企业 R&D 投资的相关理论分析。

3.1　货币政策对企业 R&D 投资的影响相关理论分析

　　货币政策影响企业投资（包括企业 R&D 投资）的文献比较多，但最为代表性的理论主要有：古典储蓄投资理论、魏克赛尔利率理论、凯恩斯学派理论、新古典利率理论、预期理论和真实经济周期理论。

3.1.1　古典储蓄投资理论

　　古典储蓄投资理论又被称为可贷资金理论，是 20 世纪 30 年代由罗伯森和俄林等提出的。该理论认为，储蓄者通过储蓄行为来提供资金供给，借款者通过投资行为来表示资金的需求。对于储蓄者来说，储蓄意味着放弃了当前的消费，同时也通过储蓄行为得到了放弃消费的报酬，也就是所得储蓄利息。而对借款者来说，借款者利用投资所得资本边际生产力来支付利息，并在储蓄和投资决策共同作用下，形成了均衡利率，也使得经济体系处于充分就业的状态。利率是由储蓄和投资相互作用的结果，是借款者使用借款所需付出的代价。当市场上的储蓄与投资相等时，资本供求处于均衡状态，此时的利率是均衡利率。当储蓄小于投资时，最初均衡状态被打破，利率呈现上升状况，此时投资也会相应地减少，上升的利率对储蓄者的储蓄行为产生促进作用，储蓄增加使得储蓄和投资再次处于均衡状态。当储蓄大于投资时，则会出现与上述相反的现象，利率下降，投资增加，利率下降引起储蓄下降，进而投资和储蓄再次到达均衡状态。

　　该理论同时将实质因素和货币因素对利率产生的影响进行了解释，较合理地反映了利率的决定过程。但是，该理论认为在投资和储蓄的相互作用下

利率总是会处于均衡状态，宏观经济也处于充分就业的理想状态。不需要货币政策对企业投资进行干预，也不需要金融中介起作用，但这些明显与现实状况相违背。

3.1.2　魏克赛尔利率理论

1898 年，瑞典经济学家魏克赛尔在著作《利息与价格》中首次定义了自然利率的概念，同时比较完整地提出了自然利率理论。魏克赛尔认为，利率可以分为自然利率和货币利率两种，实物因素决定了自然利率的大小，货币因素决定了货币利率的大小。具体来说，自然利率代表了预期利润率，货币利率代表着大金融机构所支配的实际存在的利率。货币对于经济的影响过程则表现为：当生产处于均衡状态时，由于货币的存在，二者很可能不相等且长期存在差异。当自然利率高于货币利率，经济活动呈现扩张态势，投资和消费均会增长，物价也会呈上涨状态；当自然利率低于货币利率，则呈现相反状况，经济活动收缩，投资、消费下降，物价也会进入下跌状态；当自然利率等于货币利率时，投资、消费稳定，物价则处于均衡状态。这一过程也被称为魏克赛尔累计过程。在这个过程中，银行等金融机构可以通过调节货币利率来影响经济活动以及整个社会投资、消费状况。

魏克赛尔合理地分析了货币政策是如何通过利率影响经济的。该理论表明，自然利率与货币利率之间的差额是货币调节经济活动的工具，自然利率与货币利率差额是正还是负，直接影响经济活动的未来发展趋势，从而实现货币调节经济活动的目的。该理论是连接传统经济理论和货币理论的桥梁，也为现代货币经济学的发展奠定了重要的基础。

3.1.3　凯恩斯学派理论

20 世纪 30 年代经济危机的背景下，古典宏观经济理论开始被质疑和挑战。1936 年，由凯恩斯执笔撰写的《就业、利息和货币通论》一书面世。该书建立了凯恩斯理论，否定了古典宏观经济学理论中所坚持的利率由储蓄投资决定的观点，并且认为，货币理论不应仅是价格水平理论的研究，而且应是扩展为对整个产出和就业的预期理论的研究。凯恩斯学派理论指出，利率是由货币的供求所决定，当货币供应多时，过量的货币会被用于投资债券，债券价格上升，利率下降。若利率过低且低于均衡点时，货币的需求增加，投资的债券被卖掉，债券价格降低，利率升高。货币当局可以通过货币政策来调整货币市场的均衡，改变利率，影响投资和国民收入。凯恩斯学派认为，较低的利率可以促进投资和经济的快速发展。然而，当存在财政赤字时，政府为了弥补赤字常常会采取发行公债的措施，为了出售公债在金融市场上大量争夺资金，导致利率上升，为了维持较低利率，货币当局进一步增加货币供应，同时也带来了通货膨胀。

凯恩斯学派理论成为当时发达国家货币政策制定的重要理论依据。凯恩斯学派理论对于西方经济发展具有开创性的意义，创新地从经济学角度证明了国家干预经济具有合理性。

3.1.4　新古典利率理论

新古典利率理论也称借贷资金论。该理论主要围绕借贷资金供求展开，认为借贷资金的供应源于企业保留利润、基金、家庭储蓄、政府财政盈余以及增加货币供应等，借贷资金的需求源于消费信贷、抵押贷款。利率代表着借贷资金的成本，借贷资金的供应和国民收入与利率成正比，而借贷资金的需求与利率成反比。成本越高，借贷资金供应越多，借贷资金的需求则会减少。我们将借贷资金的供应和需求量总体呈同一水平时的利率称为均衡利率。

在 20 世纪六七十年代，资本主义世界的通货膨胀问题又演化为复杂的"滞涨"现象。在这一背景下，美国现代货币学派重要代表人物弗里德曼研究并完善了新古典利率理论。他认为，利率还代表着信贷的价格，相比较而言，物价则代表着货币的价格。在实际应用中，这两个概念经常被混淆。同时，弗里德曼研究指出，货币量增加会导致利率的下降，但是在通货膨胀时期也会出现货币量增加且利率上升的现象；同样，货币量减少会导致利率下降，但是信贷增加，利率也会下降。这个结论与凯恩斯学派理论有相似之

处，即两者都认为货币需求量和收入与利率相关联。但是，弗里德曼认为货币量通过影响国民收入和物价进而对利率造成影响；凯恩斯则认为货币量影响利率和投资进而通过投资乘数影响国民收入。此外，弗里德曼研究认为，短期来说货币供给是名义 GDP 变动的主要原因，长期来说货币是价格变动的主要原因。

3.1.5　理性预期理论

20 世纪 70 年代，美国经济学家约翰·穆勒首次提出了理性预期理论，该理论与同时期弗里德曼的理论相比有着比较大的差异。理性预期学派认为，对于货币当局而言，无论实施宽松或是紧缩的货币政策，由于公众判断具有前瞻性，都会导致货币政策调整被提前预期到，且货币政策调整对经济的真实影响会比预期效果减弱甚至失效。然而，货币当局在制定货币政策时，也很难预测出社会公众的预期，以及哪些因素使公众产生该预期。当货币政策按照固定规律来实施，公众对于货币政策调整形成规律性预期并拟定自我防范对策，货币政策将失去效果。然而，当货币政策实施是突然的和反常的时，其效果会非常短暂，公众同样会在经历此类反常现象后加强警觉和防范，反常货币政策再次运用也同样会失效。因此，理性预期学派坚持货币的中性论，且认为公众的理性预期会使得货币政策失效。理性预期学派表示，市场内部存在自我调节功能，这一调节功能可使总产量和总就业保持相对稳定的状态。

与倡导国家干预经济的凯恩斯理论相比，理性预期理论认为国家应将注意力集中在对通货膨胀的控制上，而不是集中在运用货币政策促进经济运行上。这给当时正着力解决停滞性通货膨胀问题的决策者提供了决策思路，并间接为宏观经济分析方法和理论结构的调整提供了理论参考。

3.1.6　真实经济周期理论

20 世纪 80 年代，爱德华·普雷斯科特、基德兰德等提出了真实经济周期理论。该理论认为经济周期是由经济体系外的其他真实因素造成的，而不是因为市场机制的不完善。在技术进步的推动下，经济会出现增长路径的改变，GDP 会出现来自增长趋势自身的周期性波动。这里的增长趋势以及周期性波动都是技术进步等因素带来的。因此，真实经济周期理论认为，市场机制经济能够自发地实现充分就业的均衡状态，政府的干预会破坏经济的稳定和经济本身的自发调节功能。这就与凯恩斯学派理论存在明显的差异，凯恩斯学派理论认为经济周期是由市场机制的不完善造成的。经济又分为长期和短期，长期经济状况由长期总供给决定，是一个稳定趋势。短期则取决于总需求，且经济周期是短期经济围绕长期趋势的变动。

在多个学派都坚持自己观点且各学派理论观点分歧较大的环境下，凯恩斯学派理论仍可以占有一席之地并处于主流地位。综观各国多年来的货币政策实施情况可以得出，货币供给确实可以在较短的时间内影响产出。尤其在 2008 年经济危机发生时，各国使用货币政策工具进行经济干预，取得了明显的效果。货币政策在短期内是非中性的，这一观点也被多数学者所接受。

3.2   融资约束对企业 R&D 投资的影响相关理论分析

3.2.1   MM 资本结构理论

对企业资本结构的研究要追溯至 20 世纪 20 年代。企业的资本结构（capital structure）一般由使用资金的来源及其构成比例来表示。从其来源来说，可分为内部融资和外部融资。早期的资本结构理论主要停留在对净收益（NI）理论、净经营收益（NOI）理论和传统折衷理论的研究。

1958 年，莫迪利亚尼和米勒提出了 MM 资本结构理论，被认为是现代资本结构理论研究的开端。该理论在假设企业经营风险相同且不考虑税收因素的前提下，认为企业的市场价值与资本结构无关，其市场价值只由其总资产来决定，而非实际债券和所有权的市场价值。MM 资本结构理论引导大家要从多角度、全方位地理解资本结构和企业价值、资本结构和资本成本、股利政策与企业价值之间的关系；并且在方法论上，将无套利证明等引入财务

理论的分析论证，使理论研究更具完整性和科学性。由于该理论苛刻的假设条件与现实情况有较大差距，莫迪利亚尼和米勒随后于 1963 年提出了修正的 MM 理论。修正的理论在之前理论的基础上放宽了条件，把企业所得税纳入考虑范围。由于企业债务融资所产生的债务利息是可以免于交税的，而其他方式的融资则不存在这一优势。因此，该理论认为，企业的负债越多，越能够有效降低资本成本，使企业的价值增加。在负债率达到100%之时，同时也应该是企业价值最大之时。这个结论显然是与现实情况是相悖的。后续研究则多是通过对 MM 资本结构理论假设放松来进行的。MM 资本结构理论所提供的分析体系与理论框架也奠定了现代企业金融研究的重要基石。

3.2.2　信息不对称理论

经典的 MM 理论认为，在完美资本市场中资金可以自由流动，所有投入都得到相同回报，所有资金都达到最优配置。个体不会因为信息优势而获得投资溢价，企业经营业绩不会受到融资渠道影响。但是，现实中信息不对称是普遍存在的。1963 年，阿克洛夫、斯彭斯和斯蒂格吉斯（Akerlof, Spence and Stigjiz）提出了信息不对称理论，指出市场经济活动中，由于信息获取途径存在较大差距，掌握信息充分一方往往处于优势地位，而掌握信息匮乏一方则处于劣势地位。信息劣势一方为了更好地进行决策，必须花费额外成本，由此信息本身便产生了一定的价值。

在融资市场上，信息不对称具体表现在合同签订前企业内部经营者和外部投资者对信息掌握程度的不同。肯尼斯·J·阿罗（Kenneth J. Arrow, 1962）指出，这种不对称现象会进一步引起逆向选择。究其原因，阿克洛夫（Akerlof, 1970）认为，由于信息不对称存在，投资者难以获得充分有效信息来评估企业价值，而只能通过市场平均价格来做出决策，这就使得企业评估价值不够公允。投资者为了规避风险，会更青睐于股价较低的企业，因此便产生了逆向选择现象。在进行进一步研究后发现，逆向选择主要体现在股权融资以及债务融资两个方面。纳尔逊（Nelson, 1989）研究了股权融资的逆向选择，指出企业经营者非常注重自身信息的保护，主要是为了维护自身利益并且避免竞争对手免费"搭便车"。然而，外部投资者由于信息获取困难，为了降低风险会直接使用市场价格来衡量企业价值，从而很大可能造成价值误判。斯蒂格利茨和韦斯（Stiglitz and Weiss，1981）研究了债权融资后认为，资金出借人由于信息不对称难以对贷款企业进行评估，为了降低风险，资金出借人会要求更高的利率。同时信息不对称也会带来道德风险。在合同签订之后，资金需求者有可能违反合同规定，隐瞒资金出借人，将资金用于合同规定以外的其他地方。这种现象会严重损害资金出借人利益。为了维护自身权益，资金出借人自然会要求更高的回报率。

综上所述，信息不对称会同时影响资金需求方和资金提供方的行为。资金需求方掌握信息优势，部分披露对自己有益的信息。资金提供方对信息掌握不够全面，为获取有用信息而付出额外成本，并加大了风险预警、提高投资回报要求，即产生较高的外部融资成本。对于企业研发创新来说，其风险溢价要高于一般投资。并且研发创新相关信息实行保密管理，信息更具有不对称性。投资者以及外部金融机构对投资会持有更多的谨慎，从而避免利益受损。而缓解这种信息不对称就意味着研发创新项目要付出更高昂的外部融资成本。

3.2.3　委托代理理论

委托代理理论是在企业债权债务人信息不对称、企业员工激励对策研究方法的基础上发展起来的。20 世纪 30 年代，伯尔（Berle）和明斯（Means）研究认为，生产力发展使得分工进一步细化，企业中所有者兼任经营者的做法存在较大弊端，应该使所有权与经营权分离，于是提出了"委托代理理论"。在此基础上，詹森和麦克林（Jensen and Meckling，1976）指出委托代理理论是随着生产力的发展而产生的，委托人将部分权力委托给了具有专业知识和能力的代理人，然而由于委托人和代理人利益出发点不同，就产生了委托代理问题。

詹森（Jensen，1986）指出，在企业中股东追求的是自身财富最大化，职业经理人追求的是低风险、工资津贴以及闲暇时间，这就造成了二者间的

利益冲突。而职业经理人可掌控的资源越多，越有利于谋取私利。企业可以通过增加负债融资比例来控制这一问题。负债利息和本金偿付占用资金，有效减少职业经理人可控资金数量。同时负债的增加还可以提高经理人的相对股权比例，降低代理成本。在涉及负债筹资时，股东和债权人同样涉及代理问题。梅叶斯（1977）认为股东更看重企业的长线发展，倾向于将债务筹资用于远期前景好、风险高、收益高的项目来实现超额利润。然而由于债权人仅获得固定债权收益又承担失败风险，因此对该项目持有保守态度，会拒绝对该项目的投资或者要求更高的回报率。该类项目也由于筹资成本过高，使企业难以筹到充足的资金，形成融资约束。

从上述研究中可以看出，企业筹集资金运用于项目投资时，职业经理人会优先考虑收益前景好、投资风险低、周期短的项目，更有利于自身短期业绩评价。而研发创新项目具有投入大、风险高、周期长的特点，职业经理人主观上不愿意投资该类项目。同时，外部金融机构也不愿借款用于成果具有高不确定性、高风险性特点的 R&D 投资项目。这就导致 R&D 投资项目债务筹资成本过高以及筹集资金不足的问题。

3.2.4　融资优序理论

在 MM 资本结构理论的研究框架下，放宽完全信息的假设并考虑交易成本后，梅叶斯和梅吉拉夫（1984）提出了融资优序理论，也被称为"啄食顺序理论"。该理论表明，企业在有融资需求时，首先会考虑内源融资，其次考虑外源融资，而在外源融资方式中，首先考虑举债融资（银行借款等），其次考虑股权融资（发行股票等）。优先使用内源融资是由于内源融资不存在烦琐流程和各种费用主要依靠企业自身产生的现金流。如果企业存在内部盈余的话，内源融资则是最优的选择。然而，由于企业的外部投资者与内部管理者存在明显的信息不对称，投资者很难正确地判断企业的实际情况与发展前景，外源融资的方式很可能会造成企业的价值被较低的估计。因此，企业进行权益融资时，增发股票会引起企业价值的下降。当必须依赖外部融资时，发行与非对称信息无关的债券则可以忽略信息不对称成本，因而债务融资又优于权益融资。

在我国，上市企业的融资优先顺序却是不同的。首先考虑外源融资，外源融资中优先选择股权融资再选择债务融资，其次再考虑内源融资。可以看出，我国也同样存在融资的先后顺序，但是存在与上述融资顺序差别较大的现象。究其原因，主要是由于股市现阶段发展的特殊性以及资本市场的不完善。虽然与国外融资优序理论存在差异，但是只要融资存在优先顺序，也就同样可以反映企业的融资约束情况。我国企业融资顺序倾向于先权益融资，再债务融资，最后才是内源融资，所以企业如果有较高的债务比率，往往也就伴随着较大的外部融资约束，拥有较低债务比率的企业大概率会使用权益融资，同时其有较低的外部融资约束。货币政策变动也是企业外部融资变化的影响因素之一，紧缩的货币政策往往带来更大的外部融资约束，当企业自身的外部融资约束较大时，紧缩的货币政策会使企业在需要融资时更加难以从外部筹得资金，从而影响企业经营发展。

3.2.5　现金持有量理论

在 1936 年，凯恩斯对现金持有行为进行了早期的研究，认为企业持有现金的动机在于日常交易、抵御风险等方面，并且持有现金也有利于企业正常运营和发展。在此基础上，委托代理、信息不对称、融资优序等理论的提出也进一步完善了现金持有量理论。现金持有量理论主要从融资约束角度进行解释，认为企业由于融资约束的存在往往会选择持有大量的现金来保持企业的资金流动。

由于企业所处的资本市场是不完美的，企业外部筹资成本要高于内部筹资，因此企业更倾向于储备充足的流动现金以备使用。一方面，充足的现金持有量允许企业在出现好的投资项目时抓住机会，同时也能够有效缓解融资约束。福克肯和王（Faulkender and Wang，2006）认为，当融资约束较为严重时，现金持有的边际价值也就越高。融资约束较为严重的企业更加重视现金的持有量，这是由于此类企业外部筹资方式受限，因此更要加强流动现金量的有效管理。另一方面，信息具有不对称性，为了缓解信息的不对称而必定要付出额外的成本，具有高信息不对称的企业往往会面临较严重的融资约束，而拥有充足现金能够有效缓解筹资风险。综上可以看出，面临融资约束企业的流动现金持有量价值要明显高于没有面临融资约束企业的流动现金持有量价值。

对于企业 R&D 投资来说，R&D 投资本身存在高风险、需要持续资金投入、收益不确定、研发过程机密等特点，使企业的 R&D 投资往往面临着严重的外部融资约束。这就促使企业高度重视现金量持有，建立充足现金储备。企业 R&D 投资、融资约束和现金持有三者也被认为存在有关系，即企业融资约束越严重，越会抑制 R&D 项目的资金投入，而企业的现金持有能够有效缓解这种抑制作用。

3.2.6　金融加速器理论

MM 资本结构理论是在假设完全竞争市场以及完全信息对等的前提条件下提出的，并得出了企业投资与融资无关的结论。然而由于前提条件过于严苛，对实践指导作用有限，后续放宽条件后又产生了诸多理论。金融加速器理论则是在假设存在价格粘性、投资滞后以及金融市场存在缺陷等条件下提出的。

"金融加速器"理论的根本思想源自费雪。许多企业的财务状况在欧洲经济大萧条期间受到了巨大冲击，具体表现为营业收入锐减、经营成本大额增加、经营净利润大幅减少、企业净资产快速下滑，许多企业选择大量举债以维持自身的经营，但并非所有企业都有良好的外部融资能力，过多的负债也给企业带来沉重的还债压力，甚至给企业带来破产的危机。一些企业不得不选择降低资产自身价值进行变价处理，但这种行为又会将价格引入更低的层次，如此循环往复，直至爆发金融危机。费雪在其"债务紧缩论"中提到，适当的负债有利于维持企业的日常经营活动，甚至推动企业更好的发展，促进经济更加繁荣，但过度举债可能会导致企业破产。1970 年，阿克洛夫指出，信息不对称主要由于企业信息传递的延迟效应和信息接收者获得信息的渠道及能力不同造成的，债权人和债务人获得的与企业发展经营相关的信息不同，造成债权人和债务人在针对企业生产经营发展状况的决策上可能有所不同，这也从侧面阐述了信贷市场产生冲突的原因。"债务紧缩论"、信息部对称理论以及非完全市场论为金融加速器的产生奠定了理论和技术上的基础。

在以上理论和技术的基础上，伯南克和格特勒等学者结合经济大萧条时期金融市场的特点，研究发现信贷市场总体情况改变会使得企业所面临的正向或负向冲击进一步放大，这一放大效应被定义为"金融加速器"。"金融加速器"是指资产价值变化产生的微弱冲击会在信贷市场中被放大甚至会延长冲击的持续时间。日常生产经营中，外部融资和内部融资是企业主要的两种融资方式，由于外部融资成本高于内部融资成本，企业在进行筹资决策时，往往会优先考虑内部融资，再考虑外部融资，甚至低价抵押或出售企业自身资产获得筹资以降低外部融资金额，从而减少外部筹资成本，因此企业的净值（资产负债表）对于企业获得较低外部融资成本有重要作用。企业净值越大，能获取的外部融资就越多，其成本也越低。当经济扩张时，企业处于良性经营状态，企业资产负债表状况良好，资产净值增加，在借贷市场的作用下，企业外部融资溢价降低能有效获得所需外部融资。但在经济低迷时，企业却难以获取外部融资。如此循环就产生了加速器效应。

后来的学者在"金融加速器"理论基础上，不断进行深入研究，特别是卡尔斯特伦（Carlstrom）等创建了一般均衡模型（CGE 模型）；伯南克以CGE 模型为基础，融合新凯恩斯动态模型，创建了 BGG 模型。BGG 模型利用了金融加速器的运行机制，可用于分析研究金融加速器在信贷市场条件下的运行机制和对经济大环境影响。随着 BGG 模型的诞生，关于金融加速器对货币政策的影响也有了新的突破，在货币政策传导渠道的影响研究基础上，BGG 模型研究认为中央银行名义价格刚性存在，所以能够在一定程度上控制短期实际利率。对于货币政策传导渠道而言，利率还会对借款企业的资产负债表产生影响。具体表现在，趋于紧缩的货币政策会带来利率的上升，同时也导致借款企业财务状况和经营状况出现问题，企业进而向外寻求融资，但外部融资成本升高会进一步降低企业投资。而趋于宽松的货币政策

会带来利率的下降，同时企业经营状况正常，外部融资成本较低进而刺激企业投资。

金融加速器理论合理地解释了外生冲击对于企业的影响，其不仅直接影响企业经营状况，还会因借贷市场的作用导致外部融资环境发生大的变化。此外，该理论也进一步研究了经济波动时企业的非对称性。在经济环境较好时企业运营良好、内部资金充裕、外部资金可得，此时"金融加速器"的作用并不那么明显。然而在经济环境困难时企业运营不良，内部资金难以维持正常经营所需，急需外部资金来援助，但是此时外部融资也面临困难。企业面临经营困境，负担增大，对整体经济来说衰退情况则更为严重。在经济衰退时，有研究还发现信贷资金往往会流入抗风险能力较好的大型企业，因此中小型企业会面临更大的融资困境。

3.3　货币政策通过融资约束影响企业 R&D 投资的相关理论分析

货币政策的宽松和紧缩会直接影响到微观企业融资约束的水平。货币政策趋于紧缩会直接导致货币供应量减少，有效缓解宏观经济"过热"的现象，最终作用于微观企业，使得融资约束进一步加剧。当货币政策趋于宽松时，货币供应量会相应增加，宏观经济呈现复苏，作用于微观企业，主要表现在融资约束现象的相对缓解。货币政策通常通过银行信贷、资产负债表和利率三种方式进行传导。在前面章节的基础上，本章通过对融资约束可能带来的经济后果进行分析后，发现货币政策通过影响融资约束后还会对企业 R&D 投资产生进一步的影响。

图 3-1 描述了这一过程。货币政策的宽松紧缩影响企业融资约束的程度，不同程度的融资约束又通过四种传导渠道进一步表现在企业的 R&D 投资上。这四种传导机制分别为：融资约束改变企业 R&D 投资现金流、融资约束改变企业 R&D 投资现金储备、融资约束的自身差异影响企业 R&D 投资价值和融资约束改变企业 R&D 投资对外部资金的依赖。

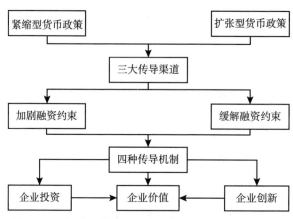

图 3 - 1   货币政策通过融资约束影响企业的作用路径

3.3.1　货币政策通过融资约束改变企业 R&D 投资的现金流

不同的货币政策下，企业的 R&D 投资现金流会随着企业融资约束的变化而变化，这种现象的发生主要通过两条路径来实现。第一条路径指的是，货币政策能影响企业内部的 R&D 投资现金流产生能力；第二条路径指的是，货币政策也会影响企业外部融资补充 R&D 投资现金流的能力。

对于第一条路径来说，当货币政策趋于紧缩时，货币供应量减少，进而社会整体的居民消费支出降低、储蓄增加，企业商品销售收入会出现降低。面对企业收入降低这一情况，企业往往不会立刻采取降低产量这一措施。主要是由于企业固定成本的存在，减少产量反而会使产品的单位成本上升加剧销售恶化。在伯南克和格特勒（1995）的研究中用实证也证明了，当货币政策趋于紧缩时，企业往往维持产量使得存货增加，对于存货的投资也会相应上升。此时，企业销售收入下降，库存积压，企业将面临内部经营现金流短缺的难题。R&D 投资需要耗费企业大量资金，且具有周期长、风险大的特点。这就决定了企业在内部现金流短缺、外部现金流有限的时候，会采取削减 R&D 投资现金流的决策。同理，当货币政策趋于宽松时，企业的销售收入增加，也会带来现金流的增加，进而促进企业重视自身的创新与发展前景。因此，企业会相应增加对 R&D 投资的现金流。

对于第二条路径来说，企业外部融资的取得需要考虑两个重要因素。一

是不同货币政策能带来市场实际利率的变化，进而在考虑企业研发风险后，市场必要报酬率也会受到影响。二是不同货币政策对外部融资约束也会产生影响，企业外部融资的机会也会发生变化。当货币政策紧缩时，市场必要报酬率增加，外部融资约束增加，企业从外部获取现金流用于企业 R&D 投资的成本也会上升。

3.3.2　货币政策通过融资约束改变企业 R&D 投资的现金储备

由前文分析可知，在货币政策发生调整时，融资约束可以改变来自企业内部和外部的用于 R&D 投资的现金流。在此基础上，进一步考虑企业本身的现金储备情况时，企业对 R&D 投资会产生不同的影响。当货币政策趋于紧缩，现金储备较为充沛的企业对于 R&D 投入的抑制作用较弱。造成这一现象的主要原因是，宏观货币政策趋于紧缩，虽然减少了企业的经营现金流，但由于企业现金储备充分，企业可以及时地补足经营现金流的短缺，并不会对研发领域现金流造成不良影响，也不必过多考虑外部融资约束问题。而且，由于货币政策趋于紧缩，资产购置成本也会相应降低，企业虽拥有充沛资金但更倾向于对研发所需资产进行投资。这样看来，货币政策趋于紧缩时现金储备丰富的企业并不会面临严重的融资约束问题，企业反而更可能加大在 R&D 领域的投资，利用自身优势进一步提升在市场的领先地位。

3.3.3　货币政策通过融资约束自身差异改变企业 R&D 投资的投资价值

不同企业间存在着较为明显的外部融资能力差异。在货币政策趋于紧缩时，企业的经营现金流往往会受到极大影响，此时能否获得较低成本的外部融资是决定企业是否削减 R&D 投资的关键因素。当一个企业的外部融资约束增大并出现融资成本高于该企业的投资收益平衡点时，企业很可能会放弃外部融资，但是也会有很多企业为了长期发展需要而接受短期的高外部融资溢价。然而，紧缩的货币政策导致金融市场可贷的资金总量减少，可提供资金融通的金融机构为了有效规避风险，更倾向于将资金贷给信用等级高的企业，这会使大量处于资金配给边缘的企业即使接受高的融资溢价也无法获取外部融资。企业不得不放弃外部融资而采取其他措施。R&D 投资需要持续投入大量的资金，如果企业正常经营使用现金流出现严重问题，就必然会缩减 R&D 的资金以保证企业的基本生存和正常运行。对于自身融资约束较小的企业，紧缩的货币政策导致现金流减少时，企业可以及时地获取外部融资的现金流，所以紧缩货币政策对此类企业的影响并不明显。因此，货币政策趋于紧缩时，企业融资约束的自身差异会影响企业 R&D 的投入。当货币政策趋于宽松时，对企业会产生相反的作用效果，但是相比紧缩货币政策，其效果可能并不显著。

3.3.4 货币政策通过融资约束改变企业 R&D 投资对外部资金的依赖

不同的货币政策下，融资约束变化，企业的 R&D 对于外部资金的依赖也会受到影响。企业对外部资金的依赖主要表现在融资渠道的不同选择上。企业一般使用股权融资和债券融资两种途径来获取所需资金。由于我国监管部门对股权融资存在较多政策性限制，需要对企业股权融资的资质进行考察，这就导致一些企业选择的灵活性较大，既可以进行股权融资，又可以进行债务融资，而另外一些企业却只能够进行债务融资。

根据我国学者对于融资优序理论的研究发现，我国的企业对融资渠道的选择同样存在优先顺序，企业倾向于优先选择股权融资，当股权融资所获得资金不能满足需求时才考虑债务融资。对于不能满足我国股权融资条件的企业，对外融资时只能采用债务融资方式，这也意味着企业面临着较大的外部融资约束。当货币政策趋于紧缩时外部融资约束加大，只能进行债务融资的企业可依赖的融资渠道更少，企业更可能出现财务问题，进而导致企业削减 R&D 投资支出来维持正常运营。然而，对于既可采用股权融资又可采用债务融资的企业，企业融资选择更多，紧缩货币政策带来的负面影响也较小。

除此之外，还有必要考虑两种融资渠道之间转换会涉及转换成本的问题。货币政策紧缩，依赖于股权融资的企业对于是否转换融资方式还需要慎重研究。因为高额的转换成本可能造成融资的成本升高，风险也可能会高于预期。同时也存在两种融资方式都满足使用条件的企业，为了减少信息披露

和股权分散，未依照融资优序的规律进行，而是选择了债券融资。宽松型货币政策也和上述分析思路相似。由于金融加速效应的不对称性，效果可能没有紧缩货币政策那么明显。因此，货币政策发生变动，还需要考虑两类企业的融资偏好，进而研究融资约束改变对 R&D 投资的影响。

3.4　本章小结

本章主要从理论上分析货币政策对企业 R&D 投资的影响、融资约束对企业 R&D 投资的影响，以及货币政策通过融资约束影响企业 R&D 投资三个问题。在介绍货币政策对企业 R&D 投资的影响时，主要介绍了古典储蓄投资理论、魏克赛尔利率理论、凯恩斯学派理论、新古典利率理论、理性预期理论和真实经济周期理论。在介绍融资约束对企业 R&D 投资的影响时，主要介绍了 MM 资本结构理论、信息不对称理论、委托代理理论、融资优序理论、现金持有量理论、金融加速器理论。在分析货币政策通过融资约束影响企业 R&D 投资时，主要从货币政策通过融资约束改变企业 R&D 投资的现金流、货币政策通过融资约束改变企业 R&D 投资的现金储备、货币政策通过融资约束的自身差异改变企业 R&D 投资的投资价值，以及货币政策通过融资约束改变企业 R&D 投资对外部资金的依赖四个方面进行分析。本章属于基础性章节，为后面的分析提供理论支持。

第 4 章

我国货币政策与 **R&D** 投资的总体现状

本章主要介绍我国货币政策的具体实践和我国 R&D 投资的总体情况。因此，首先对我国近年来的货币政策进行系统回顾，然后从总量和结构两个方面分析我国企业 R&D 投资的总体情况，接着介绍货币政策对 R&D 投资的调节实践，最后分析现行货币政策下的企业 R&D 投资可能面临的融资约束。

4.1　我国近年来的货币政策回顾[①]

货币政策与财政政策作为调控经济的两大杠杆在我国宏观经济调控中发挥着极其重要的作用。我国货币政策的手段主要包括存款准备金制度、利率政策、汇率政策等。近年来，国内外经济形势复杂，面对全球金融危机对我国经济环境的冲击以及为稳定经济新常态下我国经济的稳定发展，我国政府积极地进行货币政策调整并取得了良好的效果。

针对 1993 年出现的严重通货膨胀现象，中央开始推行"软着陆"宏观调控。其后，我国一直实行"稳定货币、发展经济"的双重货币政策以及货币中介目标，直至 1995 年前后，当时我国股市一片大好，加上央行下调利率，使得更多的资金流向股票、债券市场，上市公司资金充足，企业债券发行顺畅，其中国债备受投资者青睐，在极大程度上促进了我国基础设施建设和改进。改革开放以来，随着《中国人民银行法》的实施，政策进一步增加和完善、决策机制日益完善和成熟，宏观货币政策对宏观经济的影响非常巨大，对我国规避经济衰退和急剧通货膨胀有着非常重要的作用。因此，本书从 1995 年开始对我国货币政策进行回顾分析。

4.1.1　全球金融危机前（1995～2002 年）：货币政策总体趋宽松

1995 年，《中华人民共和国中国人民银行法》中提到我国的货币政策目

---

① 本节资料主要参考：李若杨. 汇率制度对货币政策独立性的影响研究 [D]. 中国社会科学院研究生院，2020；徐凯翔. 基于银企借贷视角的货币政策传导渠道研究 [D]. 浙江大学，2018. 同时结合相关数据库对相关内容进行了补充和完善：中国科技统计数据库，http://www.most. gov.cn/；OECD 数据库，https://stats.oecd.org/。

标是，保持货币币值的稳定，并以此促进经济增长。我国在 1996 年出现经济快速增长但 GDP 增幅下降的现象，而后又遭遇了亚洲金融危机，尽管我国经济体系与中国货币相对独立，但也受到一定影响。此期间政府充分运用了财政手段，从 1996 年起政府通过调控利率进而调节市场，直至 2000 年，其间共降低利率 7 次。起初调控效果并不显著，后来逐渐凸显。1997 年亚洲金融危机之后，为了缓解国内有效需求不足、通货紧缩的现状，我国采取适度宽松—从紧—适度宽松的货币政策。1998 年以来，央行多次降低存款准备金率，促进了商业银行的信用活动，货币供应能力大大增加，这也表明中国经济正在回升，稳健货币政策于 1998 年首次被提出。实行稳健而不是宽松的货币政策的主要原因在于当时贷款有效需求不足，不良贷款率较高等，同时制约我国经济发展的主要因素不是货币供应不足而是结构失衡。所以此时只有选择稳健的货币政策才能使我国经济健康发展，而这一货币政策一直持续到 2007 年。但在这十年间，稳健的货币政策的侧重点并不相同，1998～2000 年侧重于防止通货紧缩，保持物价和人民币汇率的稳定，支持国民经济快速健康发展。

在此期间，商品供应不足和通货膨胀是我国经济长期存在的问题。这种状况自 2000 年以来开始有所改变，同时我国政府对经济政策和货币政策也进行了相应调整。由于持续的低物价水平将会导致国内经济发展动力不足，至此，我国宏观经济中的问题由防止物价上涨转为防止物价下跌。到 2000年 GDP 增速由跌转升，达到 8.3%。在维持人民币币值相对稳定的前提下，我国实行稳健的货币政策。2000 年狭义货币供应量分别比上年提高了8.90%、15.95%、12.27%，与 GDP 增速一致，狭义货币供应量增速同样由跌转升。由此可见，稳健的货币政策对我国经济转型的影响极为重大。

4.1.2　全球金融危机前（2003～2007 年）：货币政策正逐渐趋紧

2003 年我国国民经济增长加快、活力增强、效益提高，通货膨胀压力加大，我国实行适度从紧的货币政策。中国人民银行分别在 2003 年将金融机构存款准备金率由 6% 上调为 7%，主要侧重于预防通货膨胀。同年中央银行票据发行和回购价全面启动，仅在 2004～2006 年间央行票据发行额共计 7.9 万亿元。这对应对流动性过剩有着重要作用。

2004 年我国主要任务是解决物价上涨及资产价格膨胀过快，这是由我国消费需求相对不足、内需投资以及出口外需过剩造成的经济扩张过快造成的。而 2004 年货币供应量和信贷又表现出快速扩张的态势。为应对此问题，当年央行又调升了存款准备金率 2 次，共 1 个百分点，并对金融机构外汇存款准备金率从 2% 调升到 3%。2004 年 5 月央行定向向信贷增速靠前的商业银行发行中央银行票据，该票据在票据期限内不得上市流通，不能回购，即将商业银行用于购买央行票据的资金进行冻结，达到减小货币流动性的目的，同时也抑制了商业银行的信贷增速的进一步上涨。同年，人民银行对金融机构的再贷款也实行了浮息制度。这是迈出利率市场化的重要一步，有助于央行利率机制的完善及市场引导能力的提高，同时，还能缓解当期基础货币供给的压力。并于 2004 年末进一步深化我国利率市场化改革，2004 年 10 月反常态的对利率进行上调，此次利率调整主要是调整金融机构的存贷款利率，对一年期存贷款利率上调了 0.27 个百分点，分别调至 2.25% 和 5.58%。

2005 年，我国经济基本处在高增长低通胀的良好发展时期，国内社会投资活跃，经济动力充足，转为实行稳健的货币政策，结束了实行七年之久的积极的财政政策。在此期间，实行这两项货币政策：一是下调超额准备金率，二是把货币掉期业务创造性地视作货币政策工具加以运用。货币掉期即人民银行向外汇业务量较大的十家商业银行进行美元兑人民币的掉期业务，期限为一年，到期后再按约定的汇率以人民币兑回美元，以达到规避汇率风险的目的。通过这种方式，人民银行可从商业银行回笼过多的人民币，在第一次操作中，就有 60 亿元美元兑换为人民币。2003～2005 年广义货币供应量分别为 22.1 万亿元、25.3 万亿元、29.9 万亿元，分别较上一年增长 19.6%、14.6%、17.6%。2006 年货币供应量增长有所放缓，由最高的 19.2% 降至 16.9%。说明宏观调控有所成效，抑制了我国经济发展中一些不健康不稳定的因素，突出矛盾有所缓解。但当前投资、信贷回落情况还不稳定，平衡国际收支依然是亟待解决的问题。

2006 年上半年我国金融机构人民币存款基准利率保持不变、贷款基准利率上调 0.27 个百分点，我国货币政策由宽松逐渐趋紧。2006 年上半年经济增长过快并超出预期，投资率保持较高水平，信贷增速偏大，消费者价格指数（CPI）逐渐上涨，为了控制信贷扩展速度及货币供应量，央行分别在 7、8 月两次上调存款准备金率，在 8 月上调一年期的存贷款利率 0.27 个百分点。在政策实行后的数月里效果显现，央行在 11 月继续上调存款准备金率，2006 年下半年三次上调存款准备金率，共计 1.5 个百分点，提高至 9%。

2007 年我国经济达到运行周期中的顶峰，在此期间，我国经济发展状况一直态势良好。国民经济呈现平稳快速发展的势头，各项指标均呈现出的经济增长偏快的趋势进一步加剧。GDP 同比增速由 2006 年第四季度的 12.6% 增加到 2007 年同期的 14.2%，CPI 同比增速也同期由 2.8% 上升到 6.5%，呈现不断上涨之势，经济增长过快问题进一步显露，同时出现通货膨胀压力加大、资产价格持续上升等问题。2007 年，为支持财政政策的实施，实现防止经济过热和防止通货膨胀的目标，一年之内一年期存贷款基准利率调整 6 次，其中存款基准利率由 2.52% 上调至 4.14%，贷款基准利率由 6.12% 上调至 7.47%，其他档次基准利率也相应调整。货币政策逐步从"稳健"转为"从紧"。央行为了回笼资金，收紧信贷，全年十次上调存款准备金率，从 9% 上调至 14.5%。

4.1.3　全球金融危机期间（2008～2009 年）：货币政策由紧转松

2008 年爆发的金融危机使美国经济受到重创，经济大幅度下滑，走向衰退，世界各国也受到严重的影响，我国的出口也因此受到冲击。经历了全球经济和金融市场急剧动荡的巨大冲击，加之我国发生了雨雪冰冻和汶川地震两场突如其来的特大自然灾害，2008 年我国经济发展衰退的压力明显增大。不可否认，当时我国的宏观经济形势十分严峻。然而，由于 2007 年底我国经济仍处于高位运行，通货膨胀的持续上升，狭义货币供应量的严重超额，加之当时我国央行对次贷危机认识尚浅，为了抑制通货膨胀，我国继续实行从紧的货币政策，2008 年前三个季度，央行 6 次上调存款准备金率共计 3 个百分点，使存款准备金率达到历史新高。2008 年 9 月到 2009 年 3 月是我国宏观经济最困难的时期，针对次贷危机，央行在 2008 年 9 月将"紧的货币信贷政策"调整为"松的货币信贷政策"。我国从 2008 年 10 月开始不断发布相关财政激励措施，以保持经济稳定增长并促进就业，并多次下调存款准备金率和存贷款基准利率，同时通过公开市场业务投放货币以增加货币供给量。在美国经济危机导致的经济大萧条的环境下，在我国经济受到金融危机冲击的背景下，国务院于 11 月的常务会议上提出，将通过实施积极的财政政策和相对宽松的货币政策对中国的宏观调控政策进行调整，并已准备好充足的资金以备在今后两年中稳定经济并促进增长。

2009 年国际金融危机带来的影响还在持续，我国经济外部需求缩减，企业经济下滑，失业率增加。面对极其复杂的国内外形势，央行认真贯彻适度宽松的货币政策，没有再对法定准备金比率和金融机构存贷款利率进行调整，而转向在公开市场增加货币供给。在 2009 年发行大量货币以刺激经济发展，加之 2009 年国务院同意地方政府发行 2000 亿政府债券，以上政策的共同实施使得 2009 年各个季度的货币供给量与 2008 年的同期相比都显著增加，其中最少的是第一季度，增长率为 9.3 个百分点；增长最大的是第三季度，增长率高达 14.1 个百分点。与 2008 年相比，2009 年的货币供给量年增长率达到 27.6%。据《国际统计年鉴》的数据，2001~2008 年，年货币增长率最高不超过 20%，最低没有低于 15%，2009 年的年货币增长率达到了历史新高。

4.1.4　金融危机后（2010~2012 年）：货币政策稳健中性

2010 年距离金融危机爆发已经两年，这一年是我们经济从金融危机的不利影响转向正常轨道的重要一年。目前我国经济虽然克服了国际金融危机带来的巨大影响，避免了陷入经济衰退的困境，但又开始面对通货膨胀的压力。2010 年我国通货膨胀的主要原因是，2009 年我国大量增加货币供给量和扩大信贷规模，以减缓金融危机对我国经济的巨大冲击。2009 年货币供给量的大量增加导致通货膨胀，因此，央行在 2010 年多次上调存款准备金

率并提高基准利率，将货币政策由"适度宽松"转向"稳健"。通过此前的调整，我国经济已基本步入正常发展轨道，为进一步促进我国经济发展，积极的财政政策和稳健的货币政策是我国 2011 年宏观调控的基本方向，央行继续调整存款准备金率，并使其达到了历史最高水平。

2011 年，在国民经济运行基本以正常水平稳定发展的背景下，为了贯彻"十二五"规划的精神，继续推动我国经济稳步前进，2010 年底，在中央政治局会议上提出积极的财政政策和稳健的货币政策是 2011 年我国经济发展的大致方针。这些政策方针的实施是为了让遭受过金融危机"迫害"的经济能快速回到正常水平，因此，央行在一年半的时间里多次上调存款准备金率，共计上调 6 个百分点，达到 21.5%。同时逐渐控制我国货币量的供给，2011 年我国的货币供给量下降至 13.6%。全球经济的增长速度在 2012 年显著放缓，推动美国经济发展的动力也逐渐减弱，美国"财政悬崖"的不确定性将继续给美国和全球经济带来风险。而我国稳健的货币政策取得了好的效果，经济平稳发展，CPI 始终控制在 3% 以下。央行围绕保证经济增长目标、采取了适时适度预调微调、转方式调结构的货币政策，先后两次下调存款准备金利率共 1 个百分点，同时将存款基准利率下调至 3.25%，贷款基准利率下调至 6.31%。

4.1.5　经济新常态（2013 年至今）：货币政策稳健趋适度宽松

2014 年习近平总书记提出的"新常态"重大战略源于国内经济正处于三期叠加的特殊时期。自 2012 年，我国经济增速改变了近 20 年的高速增长的态势，转入增速换档期。2012～2015 年我国经济增长率依次为：7.8%、7.7%、7.4%、6.9%。从此我国经济增长阶段从根本上发生了转变。

2013 年我国经济增速和物价均处在年初政府设定目标区间之中，金融危机后实施的宽松的货币政策给我国金融稳定性带来了巨大的冲击。因此，中国人民银行紧跟党中央的规划方案，继续推行松紧适度的货币政策，并根据国内经济形势的变化适度进行调整。2014 年我国 GDP 持续下跌，2014 年与 2015 年 GDP 分别为 7.4%、6.9%，均低于政府目标值 7.5%、7.0%，这是前所未有的。我国 GDP 增速创新低，与 GDP 增速趋势一致，我国经济也正从高速增长转向中高速增长，经济进入新常态。2014 年，全球经济进入深刻的再平衡调整期，总体经济温和复苏，但增长动力依然不足，国际金融市场极不稳定。为适应经济新常态，我国以保持经济增长的稳定性为目标，采用稳健的货币政策，多种货币政策工具灵活运用，进一步完善调控方式和政策工具。通过保持总量稳定、促进结构优化、在调控中进行改革，以提高调控的针对性和有效性。

人民银行增强提供货币供应的能力以及依据流动性需求的期限、主体等完善政策工具，进而提高调控的灵活性及有效性。同时合理把握公开市场操作的方向、力度和频度，使得公开市场操作的预调微调作用得到充分的运用，达到流动性合理充裕的状态。全年引导 14 天期正回购操作利率共下调 60 个基点，适度下调抵押补充贷款资金利率，采取非对称方式下调贷款和存款基准利率，运用价格型工具，注重价量的结合，增强公开市场操作利率的弹性，引导利率水平适度下行。进一步加强并改进合意贷款管理。符合审慎经营要求且"三农"和小微企业贷款达到一定比例的商业银行、县域农村商业银行和合作银行、鲁甸灾区地方法人金融机构，存款准备金率分别下调 0.5%、2%、0.5%、1%，"定向降准"促进了金融机构提高降准对象的贷款比例。同时为了进一步使汇率市场化，加大市场供求对汇率的影响，人民银行将银行间即期外汇市场人民币兑美元交易价浮动幅度由 1% 扩大至 2%，并且为了使银行能够自主定价，取消了商业银行对客户美元挂牌买卖价差限制。2014 年我国货币政策着力于银行体系流动性、市场利率、货币信贷、金融机构贷款利率，稳健趋适度宽松的货币政策取得了较好效果。

2015 年开始，我国主动围绕"新常态"发展，经济政策保持连续和稳定。货币政策稳健实施，根据国内经济发展的总体趋势和经济结构的调整适当进行微调，以更好地为经济发展提供动力，推动经济稳步前进。总的来说，实施稳健的货币政策不仅使货币流通保持一定的流动性，还保持了实际利率的稳定，无论是从价格方面来看，还是从数量方面来看，货币环境始终保持稳健的状态。2015 年的中国经济在一系列国家方针政策的推动下稳步

发展，并积极推进其结构调整。2015 年底，广义货币供应量余额比上年同期高出 1.1 个百分点，人民币贷款余额比上年同期高出 0.6 个百分点，与 2015 年初相比，2015 年全年人民币贷款余额增加 11.7 万亿元。人民币兑外币的汇率基本保持稳定，至 2015 年底，人民币对美元的汇率基本保持在 6.4936 左右平稳波动。从 2016 年开始，央行开始调整货币政策，在稳健货币政策的基础上适当调整货币政策的灵活度，称为稳健灵活度，主要表现为根据宏观经济状况，灵活的调整货币政策。2016 年初，央行将视野拓展到国际水平，将国际收支平衡作为经济发展的首要目标，2016 年 3 月起，央行将存款准备金率大范围内下调 0.5 个百分点，至此，我们可以理解为央行将经济增长作为 2 月份的首要关注对象。2016 年 4 月后，央行开始填补市场中存在的缺口，稳定增长已不再是经济发展的第一位。2017 年，央行以 7 天期为主合理搭配逆回购期限品种等工具替代了原来传统的货币政策工具进行调整。在 2017 年，央行进行逆回购操作，共计 21.2 万亿元。2017 年末，公开市场逆回购操作余额为 12500 亿元。

2018 年，我国经济运行总体平稳，稳中求进，但经济发展的不确定性明显上升。人民银行根据宏观经济金融形势、流动性供需状况和金融监管环境变化等因素，实施了 4 次定向降准，累计幅度达到 3%，并搭配中期借贷便利、抵押补充贷款等手段补充中长期流动性缺口，更好地匹配实体经济中长期融资需求。人民银行实施 4 次定向降准，释放资金合计约 2.3 万亿元，大力发展普惠金融。为继续维持市场的平稳运行，人民银行采取了进一步加强与市场沟通、将远期售汇风险准备金调整为 20% 等一系列措施。为维持外汇市场的稳定，重启了人民币兑美元中间报价"逆周期因子"。面对复杂多变的内外部经济金融形势，实施稳健中性的货币政策，有助于形成有益的货币金融环境并取得了较好的政策效果。

4.2　我国企业 R&D 投资的现状分析

科学技术已成为决定国民经济增长和工业发展的重要一环。对 R&D 活

动的投入是综合国力的体现，综观世界各国的经济社会发展，都依靠科技的
进步，由此，对 R&D 活动的投入也是一个国家兴衰成败的关键。同时，
R&D 投入还是企业竞争力的重要源泉。

4.2.1　我国 R&D 投入总量分析

R&D 经费投入总量是反映一个国家在科技创新能力、总体研发实力和
对科技创新重视程度的重要指标。近年来，我国科技经费投入总额不断增
加，R&D 经费投入增速提高、投入强度逐步提高，同时国家财政科技支出
稳中求升，这为我国提升研发实力和进行科技创新提供了一定的基础。

如表 4 - 1 所示，在 1997 ~ 2017 年之间，我国对全国研究与试验发展
（R&D）的投入大幅提高，由 1997 年的 509. 2 亿元的投入额增长到 2017 年
的 17606. 1 亿元，增长了 34 倍，年增长率高达 21. 76%。1997 ~ 2011 年间，
除了 1998 年、2001 年、2003 年我国 R&D 经费总支出增长率为 8. 24%、
16. 39%、19. 57%外，其他年份均在 20%以上，其中 2011 年较 2010 年增长
1624. 43 亿元，增长率为 23%；2012 ~ 2017 年之间增长额也都在 1000 亿元
以上，特别是在 2017 年达到了 1929. 4 亿元的增长额。

表 4 - 1　　　　　　　　　　中国 R&D 经费总支出

年份	R&D 支出（亿元）	增长率（%）	增长额（亿元）
1997	509. 2		
1998	551. 1	8. 24	41. 96
1999	678. 9	23. 19	127. 78
2000	895. 7	31. 93	216. 77
2001	1042. 5	16. 39	146. 82
2002	1287. 6	23. 51	245. 12
2003	1539. 6	19. 57	252. 03
2004	1966. 3	27. 71	426. 70
2005	2450. 0	24. 60	483. 64

续表

年份	R&D 支出（亿元）	增长率（%）	增长额（亿元）
2006	3003. 1	22. 58	553. 12
2007	3710. 2	23. 55	707. 15
2008	4616. 0	24. 41	905. 78
2009	5802. 1	25. 69	1186. 09
2010	7062. 6	21. 72	1260. 47
2011	8687. 0	23. 00	1624. 43
2012	10298. 4	18. 55	1611. 40
2013	11846. 6	15. 03	1548. 19
2014	13015. 6	9. 87	1169. 03
2015	14169. 9	8. 87	1154. 25
2016	15676. 7	10. 63	1506. 82
2017	17606. 1	12. 31	1929. 40

资料来源：国家统计局（http://www.stats.gov.cn/）。

同时，我国在 R&D 经费方面的投入保持较高的增长率。如表 4 - 2 所示，1996～2015 年间，我国的 R&D 经费总支出增长率除了 1998 年、2014年、2015 年在 10% 以下，其他年度均在 10% 以上，并且在很多年度超过了20%，甚至在 2000 年达到了 31.93%。美、日、英、法、德、韩等资本主义国家的 R&D 经费总支出均在 10% 左右。数据显示，我国的 R&D 经费增长率已超过美、日、英、法、德等国家，成为全球 R&D 经费增长率最高的国家之一。

表 4 - 2　　　　　　　　不同国家 R&D 经费总支出增长率　　　　　　单位：%

年份	中国	美国	日本	英国	法国	德国	韩国
1996	16. 00	7. 45	5. 88	2. 16	1. 95	1. 75	15. 23
1997	25. 88	7. 54	4. 51	2. 24	- 0. 29	4. 11	12. 02
1998	8. 24	6. 69	2. 54	5. 44	2. 03	4. 18	- 6. 97

续表

年份	中国	美国	日本	英国	法国	德国	韩国
1999	23.19	8.20	-0.90	9.54	4.27	7.93	5.16
2000	31.93	9.76	1.81	4.66	4.83	5.04	16.16
2001	16.39	3.98	1.56	3.21	6.25	2.73	16.33
2002	23.51	-0.12	0.06	5.15	4.99	2.62	7.54
2003	19.57	4.99	0.85	3.49	0.12	2.20	10.06
2004	27.71	4.01	0.63	1.76	3.25	0.79	16.34
2005	24.60	7.36	5.64	7.08	1.50	1.40	8.88
2006	22.58	7.68	3.60	7.02	4.63	5.45	13.21
2007	23.55	7.64	2.79	7.73	3.69	4.60	14.47
2008	24.41	7.08	-2.13	2.58	4.49	8.21	10.21
2009	25.69	-0.20	-8.97	0.87	4.31	0.82	9.94
2010	21.72	0.91	-0.77	1.93	1.48	4.38	15.63
2011	23.00	4.80	1.58	3.86	3.78	7.93	13.76
2012	18.55	1.70	-0.39	-1.36	3.12	4.69	11.14
2013	15.03	4.70	5.01	6.92	1.81	0.78	6.94
2014	9.87	4.75	4.75	5.97	1.18	5.93	7.48
2015	8.87	4.91	-0.21	4.08	1.51	3.24	3.49

资料来源：OECD 数据库（https：//stats. oecd. org/）。

在我国的 R&D 经费总支出增长率（见表 4-2）一直保持较高增长率的同时，R&D 经费总支出绝对数也快速攀升（见表 4-3）。1996 年，我国的 R&D 经费总支出绝对数仅为 48.6 亿美元，美、日、德远远超过我国，分别为我国的 40 倍、26 倍、10 倍。2010 年，我国的 R&D 经费总支出绝对数超过德国，但也仅为美国的 25.44%。在 2013 年我国 R&D 经费总支出超过日本并且首次跃居世界第二位，当年居于第一位的美国的 R&D 经费总支为 4576.1 亿美元，我国 R&D 经费总支出约为占其 41.8%。到了 2015 年，我国的 R&D 经费总支出为 2275 亿美元，为美国的 45.24%、日本的 1.58 倍、德国的 2.35 倍。可见，在近 20 年间，我国的 R&D 经费总支出快速增长并

不断赶超发达国家。

表 4 – 3　　　　　　　　不同国家 R&D 经费总支出绝对数　　　　单位：10 亿美元

年份	中国	美国	日本	英国	法国	德国	韩国
1996	4.86	197.79	129.99	22.37	35.69	53.51	13.52
1997	6.14	212.71	122.42	23.99	31.19	48.34	12.81
1998	6.66	226.93	116.32	25.59	31.42	49.63	8.09
1999	8.20	245.55	132.44	27.39	31.46	51.34	10.03
2000	10.82	269.51	142.10	26.81	28.52	46.64	12.25
2001	12.59	280.24	127.83	26.32	29.43	45.63	12.48
2002	15.56	279.89	124.45	28.83	33.40	51.62	13.85
2003	18.60	293.85	135.42	32.49	39.10	61.68	16.00
2004	23.76	305.64	145.97	37.07	44.37	68.34	19.37
2005	29.91	328.13	151.60	39.42	45.09	69.37	23.59
2006	37.67	353.33	148.58	42.69	47.64	73.87	28.64
2007	48.79	380.32	150.92	50.28	53.85	84.23	33.68
2008	66.46	407.24	168.71	47.14	60.45	97.93	31.30
2009	84.94	406.41	169.00	41.57	59.74	93.55	31.84
2010	104.33	410.09	179.19	39.79	57.61	92.80	38.11
2011	134.50	429.79	200.09	41.17	62.87	105.31	42.30
2012	163.14	437.08	198.87	43.47	59.74	101.60	51.55
2013	191.28	457.61	170.55	46.88	62.88	105.85	54.96
2014	211.88	479.36	165.54	47.54	63.69	112.26	58.70
2015	227.50	502.89	144.29	49.17	54.00	96.79	58.38

资料来源：OECD 数据库（https：//stats.oecd.org/）。

由于各个国家有其不同的情况，R&D 经费投入量这个指标有一定的局限性，所以仅用一个国家的 R&D 经费投入量来反映一个国家的科技创新规模是片面的。考虑到各国的具体情况不同，GDP/GERD（即 R&D 经费投入总额与国内生产总值的比例）是世界各国及组织所公认的评价一个国家科技竞争实力的指标，它是反映一个国家对科技创新重视程度的重要指标，更加全面地反映了一个国家的科技创新能力、总体研发实力。

从表 4 – 3 中可以看出，我国的 R&D 经费支出增长趋势明显，并且增长幅度较大。但从表 4 – 4 不同国家 R&D 经费支出相对值可以看出，即使我国的 R&D 经费支出总额在不断增长，我国目前 R&D 投入形势不容乐观。我国 R&D 经费支出的相对值增长缓慢、基数不高，2000 年前都在 1 以下，到了 2014 年，才首次超过 2，达到 2.02。1995~2017 年，我国对 R&D 经费支出相对值都处于稳中求进的状态，表明我国政府及企业也在积极地进行 R&D 活动投资。同时可以看出，我国 R&D 经费总支出绝对数增长速度明显超过 R&D 经费支出的相对值，这表明我国 R&D 经费投入量的增长主要是由于我国的经济快速发展中必定会出现的经济扩张，而不是由于政府及企业主动地扩大对 R&D 的投资，进而表现出我国政府及企业对 R&D 活动不够重视，R&D 活动的投入强度不够高。在此期间，美国基本都在 2.4~3 之间；日本则在大多数时候超过了 3；韩国快速增长，最高在 2015 年达到了 4.23。

表 4 – 4   不同国家 R&D 经费总支出相对值（R&D 经费/GDP）   单位：%

年份	中国	美国	日本	英国	法国	德国	韩国
1995	0.57	2.40	2.66	1.68	2.23	2.13	2.20
1996	0.56	2.44	2.77	1.61	2.21	2.14	2.26
1997	0.64	2.47	2.83	1.56	2.14	2.18	2.30
1998	0.65	2.50	2.96	1.58	2.08	2.21	2.16
1999	0.75	2.54	2.98	1.66	2.10	2.33	2.07
2000	0.89	2.62	3.00	1.64	2.08	2.39	2.18
2001	0.94	2.64	3.07	1.63	2.13	2.39	2.34
2002	1.06	2.55	3.12	1.64	2.17	2.42	2.27
2003	1.12	2.55	3.14	1.60	2.11	2.46	2.35
2004	1.21	2.49	3.13	1.55	2.09	2.42	2.53
2005	1.31	2.51	3.31	1.57	2.04	2.42	2.63
2006	1.37	2.55	3.41	1.59	2.05	2.46	2.83

续表

年份	中国	美国	日本	英国	法国	德国	韩国
2007	1. 37	2. 63	3. 46	1. 63	2. 02	2. 45	3. 00
2008	1. 44	2. 77	3. 47	1. 64	2. 06	2. 60	3. 12
2009	1. 66	2. 82	3. 36	1. 70	2. 21	2. 73	3. 29
2010	1. 71	2. 74	3. 25	1. 68	2. 18	2. 71	3. 47
2011	1. 78	2. 77	3. 38	1. 68	2. 19	2. 80	3. 74
2012	1. 91	2. 71	3. 34	1. 61	2. 23	2. 87	4. 03
2013	1. 99	2. 74	3. 48	1. 66	2. 24	2. 82	4. 15
2014	2. 02	2. 76	3. 59	1. 68	2. 24	2. 89	4. 29
2015	2. 06	2. 79	3. 49	1. 70	2. 23	2. 87	4. 23
2016	2. 11						
2017	2. 13						

资料来源：OECD 数据库（https：//stats. oecd. org/）。

国际普遍认为，可以用 R&D 经费支出总额与 GDP 的比值来判定一个国家处于工业化的哪一个阶段。当比值小于 1% 时，一般处于工业化初期阶段；此比值大于 1.5% 的国家一般处于工业化中期，主要是进行技术引进并融合，虽然在 R&D 方面的投资额不断地增长，但同时 GDP 也急剧增长；比值大于 2% 的国家一般为处于工业化后期的发达国家，并且主要 R&D 活动不仅局限于从国外引进新技术，而是自主进行科技创新活动。因此通过表 4 - 4 的数据我们可以看出，我国的 R&D 经费支出与 GDP 的比值大约在 1.5% 的水平上，属于工业化中期，而美、日、发、德、韩等国家早已超过了 2%，甚至还达到了 4%。所以我国 R&D 经费与 GDP 的比值一直处于较低水平可能是由于我国正处于工业化中期。

早在 2013 年，我国的 R&D 投入总量就跃居世界第二位，但 R&D 支出经费与 GDP 的比值仅为 1.99%，与英国的 R&D 支出经费及其 GDP 的比值相比，我国的 R&D 投入强度与科技创新能力明显滞后于我国的经济发展现状。从表 4 - 5 可以看出，在 2016 年，我国企业 R&D 经费投入最多的十个行业中仅有计算机、通信和其他电子设备制造业，电气机械和器材制造业，专用设备制造业，医药制造业，铁路、船舶、航空航天和其他运输设备制造业五个行业的 R&D 经费投入强度超过的 1.5%，化学原料和化学制品制造业、黑色金属冶炼和压延加工业、有色金属冶炼和压延加工业这三个行业的 R&D 经费投入强度还未达到 1%。由此看出，我国对 R&D 经费的投入的确还需加大力度。

表 4-5   2016 年企业 R&D 经费最多的 10 个行业及其投入强度

行业	R&D 经费（亿元）	R&D 经费投入强度（%）
计算机、通信和其他电子设备制造业	1811.0	1.82
电气机械和器材制造业	1102.4	1.50
汽车制造业	1048.7	1.29
化学原料和化学制品制造业	840.7	0.96
通用设备制造业	665.7	1.38
专用设备制造业	577.1	1.50
黑色金属冶炼和压延加工业	537.7	0.87
医药制造业	488.5	1.73
铁路、船舶、航空航天和其他运输设备制造业	459.6	2.38
有色金属冶炼和压延加工业	406.8	0.76
合计	7938.3	1.35

资料来源：国家统计局（http：//www.stats.gov.cn/）。

如若我国的 R&D 投入强度仍然处于较低水平，我国科学技术将会更加落后于美、日等发达国家，不利于我国经济持续健康全面发展。因此，我国现在的主要任务是加大 R&D 的投入强度，为我国科学技术的发展奠定良好的基础。

4.2.2   我国 R&D 投入结构分析

研究与试验发展（R&D）经费支出即在统计年度内，全社会用于研究

与试验发展的总投入。其中包括参与研究与试验发展活动人员的费用，原材料、固定资产成本以及管理费用等各种费用。

（1）按研究类型分布的 R&D 经费结构。

R&D 活动按研究类型分类，包括基础研究、应用研究与试验发展研究。基础研究是指一系列的实验性或理论性研究，目的是获取可观察现象背后的基本原理，对客观事物的本质进行挖掘，总结规律，使现有研究能进一步发展，这种研究结论不为某项特定的研究服务。应用研究是指基于已有的基础研究的结论，探究如何进一步发展，或者为达到预期目的可以采用的新方法和手段而进行的创造性研究，应用研究主要是为某一特定的目的服务。试验发展是指，在已有基础研究、应用研究和实际研究状况的基础上，为生产新的产品、装置、材料，构建新的系统和服务，或者对现有的系统及服务等进行优化的工作。

一般来说，根据每个国家的具体情况不同，对 R&D 经费支出的三个方面都有不同的投入，但就一国处于某一发展时期来看，对这三方面的投入的比例是相对稳定的。如表 4 - 6 所示，1995 ~ 2017 年，我国的 R&D 经费总投入逐年增长，对基础研究的投入一直保持在总投入的 5% 左右，在 2007 ~ 2014 年之间低于 5%，同时，我国对于应用研究的投入也逐年降低，从 20% 以上降至 10%，而对试验发展的投入则逐年上升，从 68.43% 升至 80% 以上。可以看出，我国在基础研究和应用研究上的投入偏低。2013 ~ 2017 年的数据反映出，在我国，三种不同类型的研究所占的比率趋于稳定。从表 4 - 7 中可以看出，2015 年我国基础研究占研究经费总额的 5.05%，美、俄、韩、日分别为 17.2%、15.5%、17.2%、12.5%；我国应用研究占研究经费总额的 10.79%，美、俄、韩、日分别为 19.4%、19.9%、20.8%、20.8%。可见与其他国家相比，我国在基础研究、应用研究上的投入明显偏低。发达国家在试验发展活动上投入比重很高，同时基础研究和应用研究活动所占比重也在 30% 以上，超出我国 20%。

表 4 - 6   中国 R&D 经费支出（按研究类型）

年份	总计（亿元）	基础研究（%）	应用研究（%）	试验发展（%）
1995	348. 69	5. 18	26. 39	68. 43
1996	404. 48	5. 00	24. 51	70. 49
1997	509. 16	5. 39	26. 01	68. 6
1998	551. 12	5. 25	22. 62	72. 13
1999	678. 91	4. 99	22. 33	72. 68
2000	895. 66	5. 22	16. 96	77. 82
2001	1042. 49	5. 33	17. 74	76. 93
2002	1287. 64	5. 73	19. 16	75. 11
2003	1539. 63	5. 69	20. 23	74. 08
2004	1966. 33	5. 96	20. 37	73. 67
2005	2449. 97	5. 37	17. 65	76. 98
2006	3003. 1	5. 19	16. 28	78. 53
2007	3710. 24	4. 7	13. 29	82. 01
2008	4616. 02	4. 78	12. 46	82. 76
2009	5802. 11	4. 65	12. 6	82. 75
2010	7062. 58	4. 59	12. 66	82. 75
2011	8687. 01	4. 74	11. 84	83. 42
2012	10298. 41	4. 85	11. 28	83. 87
2013	11846. 6	4. 69	10. 71	84. 6
2014	13015. 63	4. 71	10. 75	84. 54
2015	14169. 88	5. 05	10. 79	84. 16
2016	15676. 75	5. 25	10. 27	84. 48
2017	17606. 13	5. 54	10. 5	83. 96

资料来源：国家统计局（http：//www. stats. gov. cn/）。

表 4 - 7   2015 年部分国家 R&D 经费支出（按研究类型）   单位：%

国家	基础研究	应用研究	试验发展
中国	5. 05	10. 79	84. 16

续表

国家	基础研究	应用研究	试验发展
美国	17.2	19.4	63.4
俄罗斯	15.5	19.9	64.7
韩国	17.2	20.8	61.9
日本	12.5	20.8	66.7

资料来源：OECD 数据库（https：//stats. oecd. org/）。

我国的 R&D 活动主要集中在试验发展阶段。试验发展活动是指新产品研发或优化现有产品而发生的活动。我国 R&D 研究主要集中在试验发展阶段，表明我国具有将科研成果转化为技术产品的能力。国家更愿意在易于看到效益的试验发展阶段进行投入，而不是基础研究阶段，这与发达国家还有一定差距。但从不同类型的研究活动的实质来看，基础研究是为后续应用研究、试验研究服务的，试验发展活动的好坏很大程度上依赖于基础研究活动积累的知识。基础研究的投入不足、基础不牢会严重影响我国的科技创新能力。因此，我国应该在加大 R&D 经费支出的同时，加强在基础研究方面的投入，才有利于我国科技创新之路持续健康发展。

（2）按经济来源分布的 R&D 经费结构。

一个国家的 R&D 经费来源大体可以分为三种类型：政府主导型、企业主导型和政府企业双主型。政府主导型是指 R&D 活动经费大部分由政府提供，俄罗斯就属于政府主导型，在 2015 年企业和政府提供的资金比重分别为 26.6%、69.5%；企业主导型则大部分由企业提供，这种类型是未来主要的发展趋势，许多发达国家采用这种类型，我国也基本从政府主导型过渡为企业主导型，法国也在逐渐向企业主导型过渡。政府企业双主型是处于前两种类型之间的过渡类型，政府和企业提供的 R&D 活动经费大致相同，意大利属于这种类型，在 2015 年企业和政府提供的资金比重分别为 46.2%、

40.8%。现今各国一般倾向于企业主导型①②。

在我国改革初期，我国属于政府主导型，并且我国已经成功从政府主导型转变为企业主导型。如表 4－8 和表 4－9 所示，我国 R&D 活动经费主要来源于企业资金，其次来源于政府资金，国外资金和其他资金只占很少的一部分。2004～2016 年，我国的企业资金从 65.67% 上涨为 76.06%。2015 年，美、韩、日、德企业资金占 R&D 经费的比重分别为 64.15%、74.55%、77.97%、65.84%，这表明我国 R&D 经费来源结构正逐渐优化并向发达国家靠拢。表 4－8 还显示，我国政府资金比重由 26.63% 降至 20.03%，虽然每年在降低，但是政府资金投入总额呈逐年上升趋势。2004～2016 年间，投入总额增长了近 5 倍。并且，政府资金是 R&D 活动经费中不可取代的一部分。毕竟企业进行 R&D 活动的最终目的是为了获得利益，考虑到效益因素，许多企业对国家基础设施建设、安全问题、公益性研究等的投入力度不够，这些都需要政府资金的投入来保证 R&D 活动的进行。所以，政府资金是我国 R&D 经费不可或缺的一部分。

表 4－8   中国 R&D 经费支出（按经济来源）   单位：亿元

年份	总计	企业资金	政府资金	国外资金	其他资金
2004	1966.30	65.67	26.63	1.28	6.42
2005	2450.00	67.04	26.34	0.93	5.69
2006	3003.10	69.05	24.71	1.61	4.63
2007	3710.20	70.37	24.62	1.35	3.66
2008	4616.00	71.74	23.59	1.24	3.43
2009	5802.11	71.74	23.41	1.35	3.50
2010	7062.58	71.69	24.02	1.30	2.99
2011	8687.01	73.91	21.68	1.34	3.07
2012	10298.41	74.04	21.57	0.97	3.42

① 常武斌. 货币政策、集团财务运作与企业 R&D 融资约束 [D]. 重庆工商大学，2017.

② 根据中国科技统计数据库，http://www.most.gov.cn/计算而来。

续表

年份	总计	企业资金	政府资金	国外资金	其他资金
2013	11846.60	74.6	21.11	0.89	3.40
2014	13015.63	75.42	20.25	0.83	3.50
2015	14169.88	74.73	21.26	0.74	3.27
2016	15676.75	76.06	20.03	0.66	3.25

资料来源：OECD 数据库（https：//stats. oecd. org/）。

表 4 - 9　　　　　2015 年部分国家 R&D 经费支出（按经济来源）　　　　单位:%

国家	企业资金	政府资金	其他资金
中国	74.73	21.26	4.01
美国	64.15	24.04	11.81
韩国	74.55	23.66	1.79
日本	77.97	15.41	6.61
法国	55.65	34.59	9.76
德国	65.84	28.85	5.31
意大利	46.23	40.83	12.94
俄罗斯	26.47	69.52	4.01

资料来源：OECD 数据库（https：//stats. oecd. org/）。

政府研究机构 R&D 活动资金对我国的科技创新十分重要，但政府研究资金的主要来源一直为政府自身资金，企业等其他机构及国外资金对政府研究资金的投入偏低。如表 4 - 10 所示，2005 年以来，研究机构 R&D 资金中政府资金所占比重一直稳定保持在 85% 左右。表明除政府外的其他机构不关心政府机构的研究，由前述可知政府研究的重要性，因此社会各界对政府研究的重视程度亟待提高。

表 4 – 10   政府研究机构 R&D 资金来源   单位：%

年份	政府资金占比	年份	政府资金占比
2005	82.8	2011	84.6
2006	84.8	2012	83.5
2007	86.2	2013	83.1
2008	86.2	2014	82.1
2009	85.3	2015	84.4
2010	87.4	2016	81.9

资料来源：国家统计局（http://www.stats.gov.cn/）。

由上可知，我国政府研究机构 R&D 活动经费主要来源于企业资金，但 R&D 资金主要来源于规模以上工业企业，表明中小企业对 R&D 的投入偏低。如表 4 – 11 不同企业 R&D 经费支出所示，2004 年、2009 年、2016 年、2017 年的数据显示，规模以上工业企业对 R&D 活动的投入占总投入的 90% 左右，而中小企业对 R&D 活动的投入仅占 10% 左右，这与科技强国美国相比还有很大差距。近年来，我国在扶持中小企业方面设立了很多基金如中小企业创新基金等，同时也给予中小企业科技创新一定的税收优惠。中小企业创新是技术创新的主要力量，因此中小企业的创新能力也是衡量一个国家创新能力的重要指标，我国中小企业的创新能力还有很大的提升空间。

表 4 – 11   不同企业 R&D 经费支出

企业	2004 年	2009 年	2016 年	2017 年
R&D 经费总支出（亿元）	1291.3	4162.718	11923.54	13660.2
规模以上工业企业（亿元）	1104.5	3775.7	10944.66	12012.96
所占比重（%）	85.53	90.70	91.79	87.94
其他企业（亿元）	186.8	387.0182	978.89	1647.24
所占比重（%）	14.47	9.30	8.21	12.06

资料来源：国家统计局（http://www.stats.gov.cn/）。

（3）按执行部门分布的 R&D 经费结构。

从执行部门分布来看，企业是我国 R&D 经费的主要执行部门。由此可

知，企业是我国 R&D 活动的主体，表现为其同时是我国 R&D 经费的最大来源以及最大执行部门，各国的经费主要执行部门为企业，其次是高等院校及政府部门，这与经费来源有所差别，如表 4-12 所示，我国的 R&D 经费主要执行部门为企业，其次是研究机构、高校和其他部门。2000~2016 年，企业所占比重从 59.96% 上升到 77.46%，研究机构所占比重从 28.80% 降至14.42%，并且 2012~2016 年的数据显示，我国的 R&D 经费支出情况已经趋于稳定，没有较大的变化，进一步说明企业在我国 R&D 活动中有着很重要的地位。表 4-13 从执行部门方面分析了 2015 年部分国家的经费支出情况，2015 年我国企业所占比重为 76.80%，美、俄、韩、日、法、德、意分别为 71.52%、59.21%、77.53%、78.49%、65.10%、67.74%、55.30%，可见我国与其他国家的 R&D 经费执行部门所占比重差别并不大。

表 4-12　　　　　　　　中国 R&D 经费支出（按执行部门）

年份	合计（亿元）	企业（%）	研究机构（%）	高校（%）	其他部门（%）
2000	895.66	59.96	28.80	8.56	2.68
2001	1042.50	60.43	27.67	9.83	2.07
2002	1287.60	61.18	27.29	10.13	1.40
2003	1539.63	62.37	25.91	10.54	1.18
2004	1966.30	66.83	21.96	10.21	1.00
2005	2449.97	68.32	20.94	9.89	0.85
2006	3003.10	71.08	18.89	9.21	0.82
2007	3710.20	72.28	18.54	8.49	0.69
2008	4616.00	73.26	17.58	8.45	0.71
2009	5802.11	73.23	17.17	8.06	1.54
2010	7062.58	73.42	16.8	8.46	1.32
2011	8687.01	75.74	15.04	7.93	1.29
2012	10298.41	76.15	15.04	7.58	1.23
2013	11846.60	76.61	15.04	7.23	1.12
2014	13015.63	77.30	14.80	6.90	1.00
2015	14169.88	76.79	15.08	7.05	1.08
2016	15676.75	77.46	14.42	6.84	1.28

资料来源：国家统计局（http://www.stats.gov.cn/）。

表 4 - 13   2015 年部分国家 R&D 经费支出（按执行部门）   单位：%

国家	企业部门	政府部门	高等教育部门	其他部门
中国	76.80	15.10	7.00	1.10
美国	71.52	11.18	13.23	4.08
俄罗斯	59.21	31.07	9.59	0.14
韩国	77.53	11.74	9.09	1.64
日本	78.49	7.90	12.28	1.33
法国	65.10	13.07	20.28	1.55
德国	67.74	14.91	17.35	
意大利	55.30	13.25	28.57	2.88

资料来源：国家统计局（http：//www. stats. gov. cn/）。

由此可见，我国一直以来都在增强对 R&D 活动的投入，并且取得了较为显著的进步，并且我国进行 R&D 活动的企业数越来越多。如表 4 - 14 所示，2004～2017 年，我国有 R&D 活动企业数从 17075 个增长到 102218 个，增加了近 6 倍，所占比重也从 6.18% 增长到 27.43%。进行 R&D 活动投入的企业逐渐增多，我国经费来源及支出结构得到调整，但与发达国家相比，我国 R&D 投入强度、R&D 投入结构等方面还需要进一步加强和优化。

表 4 - 14   有 R&D 活动的企业所占比重

项目	2004 年	2009 年	2012 年	2016 年	2017 年
有 R&D 活动的企业数（家）	17075	36387	47204	86891	102218
有 R&D 活动的企业所占比重（%）	6.18	8.48	13.70	22.95	27.43

资料来源：国家统计局（http：//www. stats. gov. cn/）。

4.3 货币政策对 R&D 投资的调节实践

货币政策因其调节范围广、灵活的特点成为我国宏观经济调节的重要手段。从图 4-1 可以看出 R&D 增速与国内生产总值增速具有相同趋势。R&D 投资对我国经济运行有着重要影响，货币政策的执行是否对 R&D 投资具有调节作用，其调整效果又如何？我们对我国货币政策进行回顾并结合我国 R&D 投资现状来分析。

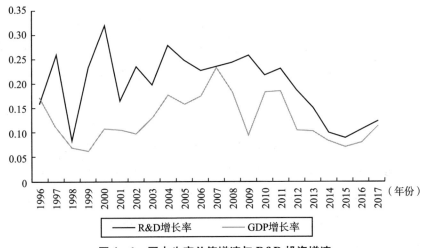

图 4-1 国内生产总值增速与 R&D 投资增速

资料来源：国家统计局（http：//www.stats.gov.cn/）。

改革开放之前，我国实行计划经济并且企业都是由政府投资的。政府对投资调节的方式简单直接，以计划、财政手段为主，货币、信贷手段为辅。1984 年，中国银行开始独立行使中央银行职能，我国中央银行体制正式确立，这是我国现代意义上的货币政策的开端。此后，随着我国金融市场的完善与金融机构的发展，货币政策对投资的调节以直接调节为主，间接调节逐渐增大，主要采用启动公开市场操作、再贷款、再贴现和信贷现金计划等手段。1998 年，中国人民银行取消对商业银行的贷款规模管理，货币市场由计划型向市场型转变，货币政策对投资的调控为间接调控，以基础货币作为操作指标、以货币供应量为中间目标。由此，将货币政策对 R&D 投资的调控分为以下五个阶段进行分析。

4.3.1　货币政策总体趋宽松与 R&D 投资增长（1995～2002 年）[①]

1997 年亚洲金融危机之后，国内出现有效需求不足、投资需求大幅下降、出口减少和通货紧缩的现象，为了应对这种现象，我国在 1998 年首次提出了在稳健的货币政策的同时放松银根、刺激消费和投资来防止通货紧缩。多种货币政策工具组合，增强货币供应量；改革存款准备金制度；推进利率市场化改革，连续八次下调存款利率水平。2002 年，降低一年期的居民储蓄存款利率，同时取消了贷款限额控制，强调对信贷结构的优化调整，加强对商业银行的窗口指导。但是，这种下调利率刺激消费、促进 R&D 投资的效果并没有显现。1995 年、1996 年研究开发投资的增长额分别为 55.79 亿元、104.68 亿元，1998 年开始实施货币政策后增长额反而降低至 41.96 亿元，增长率降低至 8.24%，较上一年下滑了 17.64 个百分点；国民生产总值 GDP 增长率从 10% 以上跌至 6.87%；CPI 负增长 3.5%。

另外，虽然央行采取降低存款准备金率、调低存款利率水平，但是由于当时国内外经济形势复杂，商业银行在对外进行贷款时表现得较为保守，宁愿闲置资金也不愿向外提供贷款。因此总体趋宽松的货币政策期初对企业 R&D 的调控效果并不显著，后来逐渐凸显。在 1999 年我国 R&D 投资增长率逐渐提高，并且在 2000 年高达 31.93%。

4.3.2　货币政策逐渐趋紧与 R&D 投资缩减（2003～2007 年）

2003 年我国经济走出低谷呈现出增长加快、效益提高、活力增强的态势，通货膨胀压力加大。自此，我国在 R&D 上的投入快速增长，2004 年达到最高增长率 27.72%，GDP、CPI 也受经济增长的影响呈快速增长趋势。

[①]　4.3.1～4.3.5 资料来源为：常武斌. 货币政策、集团财务运作与企业 R&D 融资约束［D］. 重庆工商大学，2017；国家统计局，http：//www. stats. gov. cn/；OECD 数据库，https：//stats. oecd. org/；中国科技统计数据库，http：//www. most. gov. cn/。

2004 年中国人民银行自 1996 年以来首次加息，2004～2007 年之间中央银行累计加息 10 次，至 2007 年末，商业银行一年期贷款利率升至 7.47%，同时扩大金融机构存贷款利率的浮动区间。共上调存款准备金率 15 次，其中 10 次都在 2007 年共 5.5 个百分点。在此期间，同时通过定性增发中央银行票据、货币掉期业务回笼过多的资金，在一定程度上减少了货币供应量，抑制了商业银行的信贷增速的进一步上涨。

央行一直在执行紧缩的货币政策，在此期间，我国 R&D 投资没有延续上一阶段的快速增长趋势并且有所降低，同时 R&D 经费总支出相对值增长同步放缓。紧缩的货币政策在一定程度上抑制了 R&D 活动投入。

4.3.3　货币政策调整和 R&D 投资波动（2008～2009 年）

2008 年，为了抑制通货膨胀，继续实行从紧的货币政策。但在国际金融危机对我国冲击的背景下，外部需求明显收缩，经济下行压力较大，通货膨胀缓解，通货紧缩风险增加，CPI 在 2008 年上半年达到本轮上涨的最高点，在接下来的一年里急剧回落。既要保持经济平稳发展，又要防止物价上涨，面对及其复杂的国内外形势，中国人民银行及时对货币政策进行了调整，在十多年来首次提出宽松的货币政策。从 2008 年下半年起，央行四次下调存款准备金率，五次下调存款基准利率，同时提高了全年新增贷款目标。由此 2009 年的货币供应量急剧增长，狭义货币 M1 为 22 万亿元，增速达到 32.35%；广义货币 M2 为 60.6 万亿元，增速达到 27.68%。在信贷扩张和货币供应量急剧增长的推动下，我国 R&D 投资额达到 25.7% 的增长率，两年间 R&D 经费总支出相对值也从 1.37 增长到了 1.66。

4.3.4　货币政策稳健中性和 R&D 投资趋稳（2010～2012 年）

随着投资的较快增长及 2008 年、2009 年的强劲推动，2010 年 CPI 达到了 4% 的增速，较上一年增加了 2.7 个百分点，同时货币供应量呈现出较高的增长率。因此，央行实行稳健中性的货币政策，上调存款准备金率及基准利率，同时控制我国货币量的供给，2011 年我国货币供给量下降至 13.6%。

全球经济增长速度在 2012 年显著放缓，我国先后两次下调存款准备金利率共 1 个百分点。由此，2012 年的货币供应量增长，狭义货币 M1 为 30. 87 万亿元，增速为 6. 49%；广义货币 M2 为 97. 41 万亿元，增速为 13. 84%。经过一系列货币政策的调整，我国 R&D 投资增速在波动之后逐渐趋稳，2010 ~ 2012 年我国 R&D 投资增速分别为 21. 72%、23. 00%、18. 55%。

4.3.5　货币政策转为稳健趋适度宽松与 R&D 投资趋稳（2013 年至今）

经济新常态提出后，我国金融市场的稳定性仍然受到前期宽松的货币政策的影响，主要任务为推行松紧适度的货币政策，并根据国内经济形势的变化适度进行调整。2013 年后我国主要运用货币政策工具进行宏观调控，在调控中进一步提高调控的有效性和针对性。通过采取一系列措施，我国国民经济运行趋稳。2013 ~ 2017 年 CPI 分别为 102. 6、102. 6、102. 0、101. 4、102. 0、101. 6，并且货币供应量也趋于稳定，保持在 13% 左右。与此同时，我国对 R&D 活动的投入量在 2010 ~ 2013 年间的增长率分别为 23%、18. 55%、15. 03%，2013 年后趋于稳定，保持在 10% 左右。随着货币政策趋于稳健中性，我国对 R&D 活动的投入趋于稳定。

通过前面的分析，我们发现货币政策对 R&D 投资的调节有以下特点：第一，货币政策影响信贷规模，可贷款量对 R&D 投资具有较为显著的影响力。第二，宽松的货币政策增加货币供应量的同时降低资金使用成本，企业能够获得更多的资金，进而加大对 R&D 活动的投入。反之，紧缩的货币政策会减少 R&D 活动经费。

4.4　现行货币政策下的企业 R&D 投资融资约束分析

4.4.1　国家财政科技投入比重偏低

自 2010 年以来，我国的经济总量不断攀升，我国的 GDP 在全球排名仅次于美国，位居第二。从表 4 - 15 中可以看出，随着我国的财政收入的大幅

上涨，国家财政拨款绝对额也逐年增加，2012~2017 年，近 5 年间，国家财政科技拨款就上涨了 2783.5 亿元，将近以 2012 年为基期的 50%。然而国家财政拨款占国家财政总支出的比值却偏低，2012~2017 年的比值都在 4% 左右，甚至在 2015 年低于 4%，并且呈现出稳定在 4% 以上的趋势。

表 4 – 15　　　　　　　　我国 2012~2017 年财政科技支出情况

项目	2012 年	2013 年	2014 年	2015 年	2016 年	2017 年
国家财政科技拨款（亿元）	5600.1	6184.7	6454.5	7005.8	7760.7	8383.6
与国家财政总支出的比值（%）	4.45	4.41	4.25	3.98	4.13	4.13

资料来源：OECD 数据库（https://stats.oecd.org/）。

4.4.2　企业是我国社会 R&D 投资的融资主体

企业资金是我国 R&D 经费的主要来源，并且占比逐年提高。从表 4 – 16 中对我国 R&D 经费来源的分析可以看到，2012~2016 年，我国 R&D 经费增长的主要力量来源于政府资金和企业资金，最为突出的是企业资金，达到了 4298.8 亿元的增幅，占我国 R&D 经费总增长额 5378.3 亿元的 79.93%。同时，企业资金筹资总额占我国 R&D 经费筹资总额的比重也在不断升高，从 2012 年的 74.04% 升高到 2016 年的 76.06%，远远超过了政府、国外和其他来源对我国 R&D 经费的投入，从这两个方面都可以看出企业已成为我国社会 R&D 投资的融资主体。

表 4 – 16　　　　　　　　　　我国 R&D 经费来源

项目	2012 年	2013 年	2014 年	2015 年	2016 年
合计（亿元）	10298.4	11846.6	13015.6	14169.9	15676.7
政府（亿元）	2221.4	2500.8	2635.7	3012.5	3141.6
所占比重（%）	21.57	21.11	20.25	21.26	20.04
企业（亿元）	7624.9	8837.6	9816.4	10589.2	11923.7
所占比重（%）	74.04	74.6	75.42	74.73	76.06

续表

项目	2012 年	2013 年	2014 年	2015 年	2016 年
国外（亿元）	99.9	105.4	108.0	104.9	103.5
所占比重（%）	0.97	0.89	0.83	0.74	0.66
其他（亿元）	351.2	402.8	455.5	463.4	509.5
所占比重（%）	3.41	3.40	3.50	3.27	3.25

资料来源：OECD 数据库（https：//stats. oecd. org/）。

4.4.3　企业 R&D 活动融资结构单一

企业 R&D 活动有着风险较大、占用资金时间较长的特点，正是由于其具有这些特点，企业 R&D 活动的融资渠道比较狭窄。从表 4 - 17 对 2009 ~ 2017 年我国企业 R&D 经费来源的分析可以看出，我国企业对 R&D 活动经费的需求和投入均日渐攀升，并且主要由企业自身投入的资金构成，2009 ~ 2017 年，企业自身投入的资金占企业 R&D 经费来源的比重从 71.74% 上升到 76.48%。其次是政府资金，政府对企业 R&D 活动的投入额每年都在增加，但其占企业 R&D 经费筹集的比重由 23.41% 降低到 19.81%，表明我国政府对企业 R&D 投资的力度在一定程度上有所降低。此外，从国外等其他融资渠道获取的资金所占的比重约在 4% 并呈下降趋势。由此表明，企业在 R&D 活动融资方面结构比较单一，主要依靠企业自身投入资金，很容易受到融资约束。

4.4.4　各地区 R&D 经费投入不均

目前，全国各地区不断提倡、推进自主创新，尤其关注企业的全面创新，由前文可知，2012 ~ 2017 年，我国政府、企业对 R&D 活动的投入经费都不断增加，但从全国范围来看，全国各地区的 R&D 经费出现发展不均衡的现象。从表 4 - 18 对各地区 R&D 经费投入强度的分析中可以看出：就总体而言，我国 R&D 经费投入呈持续增长趋势，但仍存在个别地区（如西藏）呈递减趋势。虽然总体投入增长率为正数，但各地区之间投入强度的

表 4 - 17　　　　　我国企业 R&D 经费来源

项目	2009 年	2010 年	2011 年	2012 年	2013 年	2014 年	2015 年	2016 年	2017 年
合计（亿元）	5802.1	7062.6	8687.0	10298.4	11846.6	13015.6	14169.9	15676.7	17606.3
政府（亿元）	1358.3	1696.3	1883.0	2221.4	2500.6	2636.1	3013.2	3140.8	3487.4
所占比重（%）	23.41	24.02	21.68	21.57	21.11	20.25	21.26	20.03	19.81
企业（亿元）	4162.7	5063.1	6420.6	7625.0	8837.7	9816.5	10588.6	11923.5	13464.9
所占比重（%）	71.74	71.69	73.91	74.04	74.60	75.42	74.73	76.06	76.48
国外（亿元）	78.1	92.1	116.2	100.4	105.9	107.6	105.2	103.2	113.3
所占比重（%）	1.35	1.30	1.34	0.97	0.89	0.83	0.74	0.66	0.64
其他（亿元）	203.0	211.0	267.2	351.6	402.5	455.5	462.9	509.2	540.5
所占比重（%）	3.50	2.99	3.08	3.41	3.40	3.50	3.27	3.25	3.07

资料来源：OECD 数据库（https：//stats.oecd.org/）。

差异较大，东部地区的一线城市，如北京、天津、上海等，自数据统计的第
一年起，R&D 经费投入强度便一直大于 2%（高于全国平均水平），北京甚
至于 2015 年突破 6%；在中部地区的城市，以重庆、四川为例，R&D 经费
强度水平在全国平均水平上下波动；对于西部地区的城市（新疆、西藏
等），直到 2016 年 R&D 经费投入强度水平也不曾突破 1%，尤其是西藏地
区，经费投入强度不断减少，与北京地区的差异于 2016 年达到 5.77%（截
至 2016 年全国大部分城市的 R&D 经费强度水平也不曾达到 5.77%）。

表 4-18　　　　各地区研究与试验发展（R&D）经费投入强度　　　单位：%

地区	2009 年	2010 年	2011 年	2012 年	2013 年	2014 年	2015 年	2016 年
全国	1.66	1.71	1.78	1.91	1.99	2.02	2.06	2.11
北京	5.50	5.82	5.76	5.95	5.98	5.95	6.01	5.96
天津	2.37	2.49	2.63	2.80	2.96	2.96	3.08	3.00
上海	2.81	2.81	3.11	3.37	3.56	3.66	3.73	3.82
江苏	2.04	2.07	2.17	2.38	2.49	2.54	2.57	2.66
重庆	1.22	1.27	1.28	1.40	1.38	1.42	1.57	1.72
四川	1.52	1.54	1.40	1.47	1.52	1.57	1.67	1.72
新疆	0.51	0.49	0.50	0.53	0.54	0.53	0.56	0.59
贵州	0.68	0.65	0.64	0.61	0.58	0.60	0.59	0.63
云南	0.60	0.61	0.63	0.67	0.67	0.67	0.80	0.89
西藏	0.33	0.29	0.19	0.25	0.28	0.26	0.30	0.19

资料来源：国家统计局（http://www.stats.gov.cn/）。

　　经济发展不均衡是我国发展中的突出问题。我国经济不仅要发展，还要
全面地发展，个别地区的发达不代表整个国家的发展，要想步入发达国家行
列，我们必须缩小我国区域经济发展差距，保持整体 R&D 经费投入强度呈
上升趋势，同时大力增强中西部地区 R&D 经费投入强度，逐渐缩小地区
差距。

4.4.5 R&D 高端专业人才缺乏

从表 4-19 中，我们可以看出不同行业间 R&D 活动经费存在明显的差距，经费的差距可能会导致不同行业间 R&D 项目及 R&D 专利数的差别，但经费的差距并不是导致各行业间 R&D 成果差距大的唯一原因。从表 4-19 中可以看出，有效发明专利数的件数与经费是成正比的，我们可计算得出：石油和天然气开采业有效发明专利约 253 万元/件，食品制造业约 158 万元/件，有色金属矿采选业高达 540 万元/件。专利数的多少并不完全取决于经费的多少，还取决于专利获取的中间环节，如专业人才的多少。拥有充裕的 R&D 经费，却缺少足够专业的 R&D 管理人才，导致经费无法充分发挥它的价值，甚至产生资源浪费，故我们在进行 R&D 活动时，不仅要重视各行业经费投入强度，还需重视 R&D 活动高端技术人才的培养，加大高端技术人才培养，将高素质人才的技能与各行业 R&D 实际情况有机结合起来。人才严重匮乏的行业（如有色金属矿采选业）应制定更多的鼓励政策，激励更多的相关人才投入该行业，R&D 活动高端技术人才的培养要因地制宜，做到有针对性的培养和引进，使人才结构和 R&D 发展相协调，这不仅有利于更好地实现资源配置，更加有助于提升 R&D 活动成果的质量。

表 4-19　　　　　　　　2017 年各行业 R&D 活动相关投入与产出

行业	R&D 经费（万元）	R&D 项目数（项）	专利申请数（件）	有效发明专利数（件）
石油和天然气开采业	572560	2652	3140	2261
食品制造业	1480532	7157	8293	9344
有色金属矿采选业	311921	754	509	578
黑色金属矿采选业	72514	344	428	1038
水的生产和供应业	95827	580	488	619

资料来源：国家统计局（http://www.stats.gov.cn/）。

4.5　本章小结

本章首先对我国 1995～2019 年的货币政策进行回顾，然后从总量和结构两个方面分析我国企业 R&D 投资的总体情况，并在此基础上分析了货币政策对 R&D 投资的调节实践，以及现行货币政策下企业 R&D 投资可能面临的融资约束。通过本章的分析，我们可以发现：

（1）货币政策方面。在面对国内外复杂经济形势，我国政府能够较好地运用货币政策去调节经济，1995～2019 年，24 年间，我国货币政策至少进行了不少于五次大的调整，这在极大程度上保障和促进了我国经济的平稳发展。

（2）企业 R&D 投资方面。近年来，我国企业 R&D 投资增长速度较快，R&D 投资绝对数已经达到甚至超过西方发达国家，相对数与西方发达国家的差距正不断缩小。R&D 投资绝对数较大这与我国经济体量大有关，但是，国际上更看中的是 R&D 投资相对数，从相对数来看，我国仍需要继续加大 R&D 经费投入。此外，我国 R&D 支出主要集中在试验发展阶段，研究阶段的 R&D 支出明显不足。我国 R&D 活动经费主要来源于企业资金，其次来源于政府资金。我国的 R&D 经费主要执行部门为企业，其次是研究机构、高校和其他部门。

（3）货币政策对 R&D 投资调节实践方面。在货币政策宽松年份，R&D 支出相对要高一些。反之，货币政策趋紧，R&D 支出一般呈缩减趋势。

（4）现行货币政策下企业 R&D 投资可能面临的融资约束方面。货币政策影响信贷规模，信贷规模直接影响 R&D 投资资金来源，由于我国企业 R&D 投资所需要的资金更多来源于企业自身，R&D 资金来源结构比较单一，因此，我国企业 R&D 投资可能会面临更大的融资约束。

第 5 章

货币政策、融资约束与企业 R&D 投资间的宏观协整分析本章主要从宏观层面，分析货币政策、融资约束与企业 R&D 投资间的协整关系。因此，本章首先介绍协整分析方法，然后介绍本章所要用到的数据来源和变量选择，并进行描述性统计分析，最后再分析货币政策与 R&D 投资间的协整关系以及货币政策通过融资约束对企业 R&D 投资的协整关系。

5.1　协整分析方法介绍

5.1.1　协整分析概述

在我们做实证分析时，用得最多的是回归分析（regression analysis）。回归分析是利用统计学基本原理，对数据（被解释变量、解释变量和控制变量等）进行统计分析，并估计各变量的系数估计值的过程和方法。回归分析实际上是对相关现象之间不确定、不规则的数量关系的一般化。根据变量的数量多少，回归分析可分为一元回归分析和多元回归分析；根据变量间关系是否线性，回归分析分为线性回归分析和非线性回归分析。无论是线性回归模型，还是非线性回归模型，通常都要求所分析的数据都是平稳的，尤其是时间序列数据，以保证对模型采用最小二乘法进行估计时所得估计量是一致的。但是，大多数宏观经济时间序列数据，如国民收入、GNP 或者 GDP 等，都是非平稳的。如果仍然使用传统的回归模型进行回归分析的话，则很可能是伪回归，导致实证结果失真，实证结论失去意义。伪回归现象的出现，很大程度上是模型设定上出现问题。要想解决这一问题，对于截面数据，一般需要增加一些可能遗漏的变量；而时间序列数据，则可以通过差分原有模型，来消除序列中呈现的非平稳问题。但是，使用差分这种方法，一般都会丢失一些经济数据中的长期调整信息。随着计量经济学的发展，1987年，恩格尔（Engle）和格兰杰（Granger）指出了著名的协整分析法（Co - Integration），该方法基于数量经济学中长期均衡关系的特点，并与时间序列分析中对短期动态设定的优点结合起来，为分析非平稳多变量时间序列数据提供了一种非常有效的分析方法。

5.1.2　单位根检验

在进行协整分析之前，先要对变量进行平稳性检验，以避免可能出现的伪回归现象。所谓伪回归现象是指由于回归模型中因为各非平稳数据间不存在协整关系而导致的假回归，直接使得回归结果丧失可靠性。因此，在进行协整分析前，需先检验变量的平稳性问题。如果一个时间序列数据的均值和方差在时间过程上都是常数，并且任何两个时期的协方差值仅依赖于这两个时期的距离或者滞后期，而不依赖计算协方差的实际时间，那么就是平稳的。更为直接的说法是，当时间序列数据存在单位根时，数据就不平稳了。因此，时间序列数据的平稳性检验一般都需要借助单位根检验来进行。如果存在单位根过程，那么数据就是不平稳的。关于单位根检验，在早期研究中主要使用的 DF 检验，由于其无法保证方程中的残差项是白噪声（white noise）过程，后来的统计学家在 DF 检验法的基础上进行了扩展和修订，形成目前广为使用的 ADF 检验（Augmented Dickey – Fuller test，修正的 DF 检验）和 DF – GLS（modified Dickey – Fuller，增补的 DF 检验）。当采用单位根检验发现数据是不平稳的，通常的处理方法是通过差分的方法来消除单位根，使其变成平稳序列。只有变成平稳序列以后，才可以进行协整分析。

5.1.3　确定滞后阶数

进行平稳性检验以后，需要确定向量自回归模型（简称 VAR 模型）的滞后阶数。向量自回归模型是一种常用的计量经济学模型，它是由克里斯托弗·西姆斯（Christopher Sims）于 1980 年提出来的，他基于 AR 模型建立了 VAR 模型，并把系统内每个内生变量都作为系统中所有内生变量的滞后值函数来构建模型，并将单变量的自回归模型扩充到多元时间序列变量组成的向量自回归模型中来，即所谓 VAR 模型就是用所有的当期变量对所有变量的若干滞后变量进行回归。VAR 模型是目前学术界处理多个相关经济指标的分析与预测中最简单易行的模型之一，同时，多元 MA 和 ARMA 模型在一定条件下也可以转化成 VAR 模型。因此，近年来 VAR 模型正被越来越多经济学者所采用。需要说明的是，使用 VAR 模型估计联合内生变量的动态关系时，一般都不带任何事先约定的约束条件，这也是该模型能够得到广泛推广和应用的原因所在。

　　VAR 模型最重要的是确定滞后阶数，只有当滞后阶数确定以后，VAR 模型才能基本确定下来。模型的滞后阶数不能过大，也不能过小，过大的滞后期阶数将会降低模型的自由度进而影响参数估计量的有效性；过小的滞后期阶数可能会加大误差项的自相关性，增大估计参数值的误差。目前，学术界确定 VAR 模型滞后阶数的方法主要有：LL、LR、FPE、AIC、HQIC 和 SBIC 六个信息准则来进行确定，需要说明的是，这些准则并不总是一致的，需要一些经验进行合理判断。

5.1.4　协整分析

　　滞后阶数确定以后，需要确定协整关系是否存在，如果存在协整关系，还需要确定存在几个协整关系，然后再进行协整分析。是否存在协整方程以及存在几个协整方程，一般采用 LL 估计的最大特征值检验结果和迹统计量检验结果来确定。当二者不一致时，一般以迹统计量为准，因为通常情况迹统计量更为有效。

　　协整方程个数确定以后，就可以进行协整分析了。目前学术界主要采用两种方法进行协整分析：E－G 两步法和 Johansen 极大似然法。与约翰森（Johansen）的极大似然法相比，E－G 两步法要简洁很多，但是它只能进行单程的协整检验，其原因是 E－G 两步法采用的是一元方程。如果出现相对复杂的协整关系或者存在多个协整关系，E－G 两步法很可能就会得出错误的结论。约翰森可以有效地克服这些问题，它基于多元回归方程的思想对整体进行估计，能够估计和检验多重协整关系，同时限制条件也相对较少。Johansen 极大似然法是约翰森和尤塞留斯（Johansen and Juselius）于 1988 年共同提出来的。该方法的具体做法如下：

　　假设一个 VAR 模型为：

$$Y_t = B_1 Y_{t-1} + B_2 Y_{t-2} + \cdots + B_p Y_{t-p} + U_t \tag{5.1}$$

对其做差分变换后，可得到向量误差修正模型（VECM）：

$$\Delta Y_t = \sum_{i=1}^{P} \Phi_i \Delta Y_{t-i} + \Phi Y_{t-p} + U_t \tag{5.2}$$

通过设置误差修正项来找回系统中因差分而丧失的长期信息。参数矩阵 Φ_i 和 Φ 分别是对 Y_t 变化的长期和短期调整 m×m 阶矩阵，Φ 的秩记为 r，则存在以下三种情况：

（1）若 $r=m$，Φ 是满秩矩阵，表示各变量都是平稳序列；

（2）若 $r=0$，Φ 为空矩阵，表示各变量之间无任何协整关系；

（3）若 $r=h$，其中 $0<h\leqslant m-1$，表示存在 h 个独立的协整向量。

再通过考察 Φ 的特征根的显著性来考察协整向量的个数。并通过以下两种方法进行检验。

一般我们采用两种办法进行检验：迹检验和最大特征值检验。

（1）迹检验：

$$\lambda_{trace} = -T \sum_{i=r+1}^{m} \log(1 - \lambda_i) \tag{5.3}$$

其中原假设和对应假设分别为：

H_0：$r<m$

H_1：$r=m$

（2）最大特征值检验：

$$\lambda_{max} = -T\log(1 - \lambda_{r+1}) \tag{5.4}$$

其中原假设和对应假设分别为：

H_0：$r=q$，$q=1, 2, \cdots, m$

H_1：$r\leqslant q+1$

如果接受原假设，表明不存在协整关系，因此不再进行下一步检验；如果拒绝原假设，表示至少存在一个协整关系；继续检验有（$m-1$）个单位根，如果拒绝原假设，表示至少存在两个协整关系，依次类推，直到最后不能拒绝原假设为止。

确定协整方程个数以后，就可以开始进行协整分析。为了检验序列 Y_t 与 X_t 之间的 CI(d, b) 阶协整关系。首先需要对每个变量进行单位根检验，并得出每个变量均为 I(d) 序列，然后选取变量 Y_t 对 X_t 进行 OLS 回归分析，即可得到协整方程为：

$$Y_t = \alpha + \beta X_t + \varepsilon_t \qquad (5.5)$$

在式（5.5）中，如果用 $\hat{\alpha}$ 和 $\hat{\beta}$ 表示回归系数的估计值，那么模型的残差估计值为：

$$\hat{\varepsilon} = Y_t - \hat{\alpha} - \hat{\beta} X_t \qquad (5.6)$$

采用 ADF 检验法对式（5.5）中的残差项 ε_t 进行单位根检验。如果检验结果表明 ε_t 是 I(0) 序列，即：$\hat{\varepsilon} \sim I(0)$，说明 ε_t 是平序列，即可得出 Y_t 和 X_t 是 CI(d，b) 阶协整的，其协整向量是（a，$-\hat{\beta}$）。

5.1.5　格兰杰因果检验

格兰杰因果检验（Granger causality tests）是由格兰杰（1969）提出用于分析时间序列变量之间的因果关系的一种新型统计分析法，格兰杰也因此于 2003 年获得诺贝尔经济学奖。不同于以往实证分析中的因果关系，格兰杰将这种因果关系定义为"依赖于使用过去某些时点上所有信息的最佳最小二乘预测的方差"。格兰杰因果检验能够很好的帮助学者们确定因果关系到底是从 X 到 Y，还是从 Y 到 X，还是二者互为因果。其解释机理是：(1) 原因一般发生在结果之前；(2) 原因还应对结果具有解释力和预测力。基于此，因果检验可以和向量自回归（VAR）模型结合起来判断宏观经济时间序列中两个变量之间的因果关系。假设 X 是引起 Y 的原因，但 Y 不是引起 X 的原因，就可以利用 X 的过去值来预测 Y；反之则反。

在 X、Y 两个时间序列数据中，假设都包含了各自过去的信息，当加入 X 后对 Y 的预测要优于单独只有 Y 的过去信息对 Y 的预测时，则认为 X 是 Y 的格兰杰原因。格兰杰因果检验可用如下模型表示：

$$y_t = \sum^{q} \alpha_i x_{t-i} + \sum^{q} \beta_j x_{t-j} + \mu_{1t} \qquad (5.7)$$

$$x_t = \sum^{s} \lambda_i x_{t-i} + \sum^{s} \delta_i y_{t-i} + \mu_{2t} \qquad (5.8)$$

其中，假设 μ_{1t} 和 μ_{2t} 不相关，对于模型（5.7）而言，原假设 H0：$\alpha_1 =$

$\alpha_2 = \cdots = \alpha$，$q = 0$；对于模型（5.8）而言，原假设 H0：$\delta_1 = \delta_2 = \cdots \delta$，$s = 0$。首先确定滞后阶数，然后估计出模型的具体形式，并对两个原假设进行检验，可以得出如下四种结果：

（1）X 引起 Y 的变化，即 X 是 Y 的单向格兰杰原因；

（2）Y 引起 X 的变化，即 Y 到 X 的单向格兰杰原因；

（3）X 和 Y 会相互影响，即 X 和 Y 互为格兰杰原因；

（4）X 和 Y 相互独立，互不影响，即 X 与 Y 互相不是格兰杰原因。

需要说明的是，受变量平稳性的影响，不同滞后期可能会得出完全不同的检验结果。在做格兰杰因果检验时，需先根据信息准则或者检验值的大小来确定。此外，格兰杰因果检验与实际经济关系并不完全相同，它并不是传统意义上的因果关系，而是一个变量对另一变量的"预测能力"。

5.2　变量选择与描述性统计

5.2.1　数据收集与处理

为了检验货币政策与 R&D 投资以及货币政策通过融资约束与 R&D 投资之间的协整关系，本章选择我国 2003 ~ 2017 年宏观货币政策和宏观经济的季度数据，数据来源于 EPS 全球统计数据分析平台（lap. epsnet. com. cn）中的"中国宏观经济数据库""中国金融数据库""中国科技数据库"，同时利用 CCER 经济金融数据库（http：//new. ccerdata. cn/）中的"货币市场"和"宏观数据"子库中的信息对上述数据进行了核对和校验。实证分析前，我们还对所有数据进行了必要合理的处理：（1）由于统计年鉴和各类数据库中均无法找到 R&D 支出的季度数据，因此，我们以季度 GNP 为权重，将年度 R&D 支出分解成四个季度的季度 R&D 支出；（2）为了消除季节性因素对数据造成的规律性影响，我们对所有数据进行了季节性调整；（3）为了消除价格因素和通货膨胀因素带来的影响，我们对分解后的季度 R&D 支出（RD）和季度货币政策（M0、M1 和 M2）以及金融机构贷款余额（Dkye）季度数进行了价格平减，具体而言，就是以 2000 年不变价格为基础进行调整，假设 2000 年不存在通货膨胀，以后各期除以相对于 2000 年物价水平的变动率（通胀率）。所有处理结果都在 Excel 2010 和 Stata 13 中完成。

5.2.2　变量选择

1. 研发投资

研发投资（RD）是企业用于研究开发试验的支出，包括企业研发活动过程中的基础知识技术储备、实际技术发现应用和试验投入发展等所耗费的企业财力物力等。本章选取研究与试验开发经费支出（R&D）代表一国总体研发投入情况。我们无法从统计年鉴中查找到 R&D 的季度数据，同时考虑到该指标与国内生产总值（GNP）直接相关，因此，我们以季度 GNP 为权重，将统计年鉴中查找到的年度 R&D 支出分解成四个季度 R&D 支出。同时，为了消除通货膨胀因素的影响，我们还对分解后的季度 R&D 支出，以 2000 年不变价格为基础，对其进行调整。

2. 货币供应量

根据现有文献，绝大多数都选择货币供应量作为货币政策的代理变量，而货币供应量有 M0、M1 和 M2 三种度量口径，考虑到这三种货币供应量反映的涵义并不完全相同（M0 与消费变动相关，是最活跃的指标；M1 反映居民和企业资金松紧变化，是经济周期的先行指标；M2 是反映社会总需求的变化和未来通货膨胀压力的指标），本章同时选择 M0、M1、M2。需要说明的是，本章节所用到的 M0、M1 和 M2 都是消除季节因素的 M0、M1 和 M2。

（1）M0。

M0 是货币流通量余额，即在市场中流通的现金总额，也是流通在各银行体系之外的现金总额。其计算公式是：M0 = 政府或中央银行发行的现金总额 − 储存在银行的现金总额。由于 M0 实质是反映流通在市面上的现金，因此其大小反映出人们的消费情况和生活水平。M0 大的时期，人们的生活往往衣食无忧，现金充足，足够满足人们的日常生活开销。

（2）M1。

M1 也称狭义的货币供应量，它等于市场上流通的货币量和商业银行活期存款总额之和，即 M1 = M0 + 商业银行的活期存款。活期存款是市面上使用最频繁的交易，支付渠道可以做到即用即取，是仅次于现金的、流动性第二的支付工具，是国家现行经济周期波动的指标，直接反映企业和居民资金松紧的变化情况。

（3）M2。

M2 也称广义的货币供应量，它是银行体系以外流通的通货和商业银行体系各种存款的总和，即 M2 = M1 + 商业银行的定期存款 + 储蓄存款。如果说 M1 代表的是居民和企业的购买力，那么 M2 不仅代表现有的购买力，还代表潜在的购买力。简言之，M1 到 M2 的转变就是货币功能从交易到储藏的升华，相对于 M0 和 M1 而言，M2 的流动性较弱，但它是从全社会这一整体的角度出发反映社会总需求。

3. 反映融资约束的货币传递渠道

如前所属，货币传递渠道主要有：利率渠道、信贷渠道、资产价格渠道和汇率渠道。考虑到我国资本市场还不是很成熟，以及汇率因素还不是影响我国货币的主要隐私，本章只选择了金融机构各贷款余额季度平均值（Dkye，信贷渠道）和银行间七天同业拆借利率平均值（I7，利率渠道）。

（1）金融机构各贷款余额季度平均值（Dkye）。

金融机构各项贷款余额是指金融机构在某一时点上的各项贷款金额，主要是指企业向商业银行和非银行金融机构借入资金在某一时点的金额。由于本章用到的都是季度数据，因此，对应这里采用金融机构各贷款余额季度算数平均值（Dkye），即将一个季度中的三个月月末数据相加之和除以 3 计算而得。

（2）银行间七天同业拆借利率季度平均值（I7）。

银行间同业拆借利率指的是在银行同业之间在同业拆借市场上相互拆借的利率，属于短期资金借贷利率。具体而言，银行间拆借利率由拆进利率和拆出利率构成。其中拆进利率是指银行愿意借款的利率，拆出利率是指银行愿意借出的利率。进行同业拆借的借贷双方总是拥有统一的拆借利率，即借款方的拆进利率为贷款方的拆出利率。拆进利率与拆出利率之差是银行在同业拆借市场中进行同业拆借的收益。参与同业拆借的银行必须同时满足高信用、强定价和好声誉三个特征。银行间同拆借利率可分为隔夜利率、1 周利率、2 周利率、1 月利率、3 月利率、6 月利率、9 月利率和 1 年利率。中央银行为了防止参与银行随意报价干扰市场，通常会建立一套跟踪监控和惩罚制度，以确保银行拆借利率的权威性。本章所用到的银行间 7 天同业拆借利率就是银行相互拆借期限为 7 天时拆借利率，我们仍然采用季度算数平均值。

5.2.3 模型假设

为了分析货币政策与 R&D 投资之间的协整关系，本章参考向群 (2011) 的做法构建模型 (5.9)，为了分析货币政策通过银行信贷渠道对 R&D 投资的协整关系，本章构建模型 (5.10)，为了分析货币政策通过利率传导渠道对 R&D 投资的协整关系，本章构建模型 (5.11)

$$\ln RD = \beta_0 + \beta_1 \ln M0 + \beta_2 \ln M1 + \beta_3 \ln M2 + \varepsilon \qquad (5.9)$$

其中，lnRD 是 R&D 投资的自然对数，β_0、β_1、β_2 和 β_3 是系数估计值，μ 为扰动项，下同；lnM0、lnM1 和 lnM2 分别是 M0、M1 和 M2 季度平均值的自然对数。

$$\ln RD = \beta_0 + \beta_1 \ln Mi + \beta_2 \ln Dkye + \varepsilon \qquad (5.10)$$

其中，lnMi 是 lnM0 或 lnM1 或 lnM2，下同；LnDkye 是金融机构各项贷款余额季度平均值的自然对数。

$$\ln RD = \beta_0 + \beta_1 \ln Mi + \beta_2 \ln I7 + \varepsilon \qquad (5.11)$$

其中，LnI7 是银行间 7 天同业拆借利率季度平均值的自然对数。

5.2.4　描述性统计与相关性分析

1. 描述性统计

表 5 – 1 是本章所有要用到全部变量描述性统计结果。由表 5 – 1 可知，lnRD（季度研发投入的自然对数）的均值为 11.450，中位数为 11.529，说明样本总体下偏，这可能与我国最近几年研发支出大幅度提升有关。lnM0（货币流通量的自然对数）的均值为 11.625，标准差为 1.715，中位数为 10.613，表明货币流通量保持一般水平，市场上流通的资金在全年总体上趋于平稳水平。lnM1（狭义货币余额的自然对数）的均值为 12.229，标准差为 0.593，中位数为 12.388；lnM2（广义货币余额的自然对数）的均值为 13.337，标准差为 0.678，中位数为 13.423，两者的各项指标趋近一致，表明我国的货币流通情况较好，投资市场和中间市场较为活跃。lnDkye（金融机构各项贷款余额）的均值为 12.941，标准差为 0.669，中位数为 13.013，表明各样本各金融机构的贷款余额水平较高，最小值为 11.825，最大值为 13.993 表明各金融机构之间的偏差不大，各金融机构的贷款余额都处于健康状态。I7（银行间同业 7 天拆借利率）的均值为 2.818%，标准差为 0.910，最小值为 1.010，最大值为 4.797，表明在中央银行的统一管理下，各家银行之间的资金周转效率较高，各银行的借贷数量较大且保持相对稳定的状态。

表 5 – 1　　　　　　　　　　变量描述性统计分析

变量	N	mean	sd	min	p25	p50	p75	max
lnRD	60	11.450	0.583	10.297	10.934	11.529	11.949	12.366
lnM0	60	11.625	1.715	9.751	10.158	10.613	13.638	13.939
lnM1	60	12.229	0.593	11.173	11.681	12.388	12.703	13.190
lnM2	60	13.337	0.678	12.163	12.717	13.423	13.966	14.326
lnDkye	60	12.941	0.669	11.825	12.306	13.013	13.532	13.993
I7	60	2.818	0.910	1.010	2.170	2.685	3.435	4.797

2. 相关性分析

表 5 - 2 给出了各变量间的相关性分析结果。由表 5 - 2 可知，所有变量两两之间的相关系数都在 1% 的水平上显著，说明样本选择有效，并且彼此之间相关性较强。lnRD 与 lnM0、lnM1、lnM2 之间的相关系数都大于 0.85，说明它们之间高度相关，远远高于实证回归分析所要求的相关系数最好低于 0.6，I7 也与其他几个变量之间的相关系数也在 0.5 左右。如此之多的变量都高度相关，说明变量很可能是不平稳的，变量之间存在严重的"伪回归"现象，这在一定程度上证明本章选择协整分析的必要性和正确性。

表 5 - 2　　　　　　　　　　　　各变量间相关性检验结果

变量	lnRD	lnM0	lnM1	lnM2	lnDkye	I7
lnRD	1					
lnM0	0.882 ***	1				
lnM1	0.989 ***	0.883 ***	1			
lnM2	0.988 ***	0.915 ***	0.995 ***	1		
lnDkye	0.985 ***	0.919 ***	0.994 ***	0.999 ***	1	
I7	0.536 ***	0.516 ***	0.502 ***	0.505 ***	0.498 ***	1

注：*** 表示在 1% 的水平下显著，** 表示在 5% 的水平下显著，* 表示在 10% 的水平下显著。

5.2.5　平稳性检验

如前所述，在进行协整分析之前，先要对变量进行平稳性检验，以避免可能出现的"伪回归"现象。只有回归中各变量均为平稳的时间序列，各变量间才可能存在协整关系。因此，在协整分析前，还需对变量进行平稳性检验。为了保证检验结果的稳健性，本章将采用同时采用 ADF 检验和 DF - GLS 检验。表 5 - 3 给出了本章要用到变量的平稳性检验结果。从表 5 - 3 中的 ADF 检验值检验结果可以看出，季度研发投入的自然对数（lnRD）、货币流通量余额（M0）、狭义货币余额（M1）、广义货币余额（M2）、金融机

构各项贷款余额（Dkye）在 1% 的显著性水平下均接受原假设——至少存在 1 个单位根，即在 1% 的显著性水平下序列不平稳。但所有变量的一阶差分序列 D. lnRD、D. lnM0、D. lnM1、D. lnM2、D. lnDkye 和 D. I7 在 1% 的显著性水平上显著，说明它们一阶差分后是平稳的。表 5 – 3 中的 DF – GLS 检验值也进一步证明所有变量的一阶差分序列 D. lnRD、D. lnM0、D. lnM1、D. lnM2、D. lnDkye 和 D. I7 都在 5% 的水平下显著，进一步说它们一阶差分后的平稳性是稳健的。

表 5 – 3　　　　　　　　　　　各变量平稳性检验结果

变量	ADF 检验值	1% 的显著性水平下的临界值	结论	DF – GLS 检验值	5% 显著性水平下的临界值	结论
lnRD	– 3.056	– 3.567	不平稳	– 2.923	– 2.596 **	平稳
lnM0	– 2.666	– 3.567	不平稳	– 2.923	– 2.596 **	平稳
lnM1	– 3.181	– 3.567	不平稳	– 2.923	– 2.961	不平稳
lnM2	– 3.037	– 3.567	不平稳	– 2.923	– 2.596 **	平稳
lnDkye	– 2.976	– 3.567	不平稳	– 2.923	– 2.596 **	平稳
I7	– 5.338	– 3.567 ***	平稳	– 2.923	– 2.596 **	平稳
D. lnRD	– 7.941	– 3.569 ***	平稳	– 2.924	– 2.597 **	平稳
D. lnM0	– 7.376	– 3.569 ***	平稳	– 2.924	– 2.597 **	平稳
D. lnM1	– 7.996	– 3.569 ***	平稳	– 2.924	– 2.597 **	平稳
D. lnM2	– 7.673	– 3.569 ***	平稳	– 2.924	– 2.597 **	平稳
D. lnDkye	– 7.726	– 3.569 ***	平稳	– 2.924	– 2.597 **	平稳
D. I7	– 9.35	– 3.569 ***	平稳	– 2.924	– 2.597 **	平稳

注：①ADF 检验的原假设为：至少存在一个单位根，即序列不平稳。②** 表示在 5% 的显著性水平下拒绝原假设，*** 表示在 1% 的显著性水平下拒绝原假设。③D. + 变量表示变量的一阶差分序列。

5.3　货币政策与 R&D 投资间的宏观协整分析

在进行单位根检验后，本小结将以模型（5.9）为基础，系统分析货币政策与 R&D 投资间的协整关系。在正式分析之前，我们先对相关文献进行回归，然后判断它们之间是否存在协整关系，如果存在协整关系的话，还要进一步判断到底存在几个协整关系，接着在此基础上进行协整分析，最后进行格兰杰因果检验。

5.3.1　理论分析与文献回顾

要探究货币政策对企业 R&D 投资的影响，首先要探究货币政策有效性这一前提条件。大多数国家包括我国的货币政策制定的目的是维持经济增长和物价稳定。因此，学术界对货币政策有效性进行研究时，多以货币政策对总产出或价格的影响来衡量。大多数货币经济学家的实证结论都表明货币政策会在中短期内对经济总产值和价格产生影响。西姆斯（Sims，1972）首次用协整理论和因果检验的方法，研究美国的货币供给政策和经济总产出之间的关系，结果发现，货币供给量的变化引起了名义 GNP 的显著变动，并由此得出货币政策会对经济增长产生影响的结论。自此以后，协整理论和因果检验方法被广泛应用到宏观经济研究中。1980 年西姆斯又将向量自回归模型引入货币政策效应的研究中来，并发现货币政策引起利率变化，进而对产出造成影响。与传统回归模型相比，向量自回归模型可以在不附加任何事先约束条件下，对联合内生变量的动态关系进行估计，并基于向量自回归模型（VAR），还可进一步计算脉冲响应函数和进行方差分解分析，进一步考察各种随机干扰项对内生性变量的影响，为后来的经济学家和货币学家研究货币政策的有效性提供了一种崭新的研究方法，开辟了一条崭新的研究思路。巴罗（Barro，1997）通过对美国实际产出与货币数据的回归分析，提出预期货币供给增加不会影响实际产出，即所谓的预期货币政策中性假说。拉波波特（Rapoport，1987）、米什金（Mishkin，1982）等则拒绝了这一假说。他们认为不管是非预期的货币政策，还是预期的货币政策，都会对实际产出产生影响。后来的学者在此基础上，对货币政策的非对称性进行了研究，即不同的货币政策（扩张或紧缩）在低膨胀或高膨胀情况下对经济产出或价格的影响程度是不同的，二者不具有对称性。最为代表性的是卡福（Cover，

资本市场会计研究丛书
ZIBEN SHICHANG KUAIJI YANJIUCONGSHU

1992）基于美国战后经济产出数据，利用二阶段最小二乘法研究发现，货币供给的增加对经济总产出的增加没有明显的影响，但货币供给量的减少却对经济总产出的减少会产生显著的影响，二者并不对称。德朗和苏梅尔斯（Delong and Summers，1988）将卡福的样本量进行了扩充，他们对美国二战前后的年度数据都进行了对比分析，并得出了相同的结论。为了验证货币政策非对称性的普遍性，后来的学者采用同样的方法对欧洲各国以及澳洲等国家的经济数据进行实证分析（Bruinshfd，1997；leu，2006），进一步支持了货币政策效应的非对称性学说。此外，一些学者研究发现，货币政策作为一种宏观政策，对经济总产出的影响会具有一定的时滞性。布林德（Blinder，1995）利用美联储数据实证研究发现，联邦基金的利率上调会对通货膨胀产生不同的影响：在 6 个季度内无影响，而在 3~4 年之后其影响达到峰值。巴蒂尼和纳尔逊（Batini and Nelson，2001）基于英美两国的宏观经济数据，对货币政策的时滞效应进行检验，其结果发现货币政策变动对通货膨胀的影响一般都要滞后一年以上。

由于我国政治、经济和金融环境与西方发达国家存在显著差异，现有利用西方国家数据研究所得出的结论并不一定适合我国。20 世纪 90 年代，中国学者开始基于国外的研究方法，利用中国的货币政策数据和经济数据，研究中国的宏观货币政策效用。（1）货币政策中性的研究。我国学者陆军和舒元（2002）利用我国 1978~2000 年的宏观数据，采用 Granger 因果检验法，研究得出我国货币政策在长期呈中性的结论。冯科（2010）采用的研究方法进一步研究发现，我国货币政策长期呈中性，短期呈非中性的结论。（2）货币政策非对称性的研究。刘金全和郑挺国（2006）利用中国数据研究发现，经济衰退时期的紧缩型货币政策对产出的削减效果远远大于经济增长时期的扩张型货币政策对经济产出的增加效果。赵晓男和张静（2013）等利用 1991~2004 年我国宏观经济数据和货币数据，结果发现，货币政策在不同传递渠道下（信贷传导机制和利率传导机制）都存在较强的非对称性。肖强（2014）认为，货币政策不仅对经济产出的影响存在非对称性，还对价格的影响也存在非对称性。曹永琴（2017）考察了货币政策对不同规模企业影响的非对称性。欧阳易和万解秋（2017）分析了货币政策对不同地区影响的非对称性。（3）货币政策的时滞性。肖文伟（2010）通过利用脉冲响应函数研究发现，我国货币政策对产出的影响大约要滞后 8～10 个月。王志强（2000）通过利用脉冲响应函数，研究发现我国货币供应量、贷款、利率对GDP 的影响时滞大约在 4 个月左右。肖卫国（2013）则认为这种时滞效应更短。郝慧刚（2019）运用向量自回归模型对中美进行对比分析时，发现我国的货币政策对产出的时滞性要长于美国，对物价的时滞性要短于美国。

综上所述，我国学者基于不同的研究视角、采用不同时期的数据进行实证分析，都证明了我国货币政策对经济产出和物价产生了显著影响，即我国货币政策是有效的。中央银行能够借助货币政策影响企业投资，尤其是R&D 投资，是因为宏观货币政策能够改变市场总流通的货币量，进而影响整个市场的信贷、利率、资产价格和汇率等。这些因素的改变最终将会影响企业的投融资行为，包括企业的 R&D 投资行为。众所周知，R&D 投资风险高、投资周期长，并且伴随着高度的不确定性。货币政策作为一项宏观经济政策和调控手段，不仅可以改变企业所处的外部市场环境，创造或者削减投资机会，并最终影响企业的战略性决策行为，尤其是 R&D 投资决策行为。同时还可以改变市场中流通的货币量，进而影响整个市场的信贷、利率、资产价格和汇率等，影响企业的外部融资环境，并最终影响 R&D 投资所需要的资金。黄志中（2015）利用中国经济和企业数据研究发现，我国宏观货币政策对民营上市公司 R&D 投资的影响十分显著，紧缩的货币政策会降低企业R&D 投资，融资约束会抑制企业的 R&D 投资行为。连军、吴霞、刘星（2018）研究发现，货币政策紧缩以及货币政策不稳定对民营企业 R&D 投资的负面冲击较大。谢乔昕（2017）指出，货币政策对 R&D 投资的负向影响，在需求效应与供给效应两方面均成立。刘胜强和常武斌（2016）研究发现，完善的内部资本市场和稳健的会计政策可以有效调节货币政策对企业 R&D 投资的影响。总体来看，现有的研究都承认了货币政策对 R&D 投资的影响。

5.3.2　协整分析

本小结我们将分析货币政策与 R&D 投资间的协整关系。考虑到 M0、

M1 和 M2 的计算口径和政策涵义不一样，本小结参照向群（2011）的做法，在模型（5.9）的基础上，同时分析 M0、M1 和 M2 与 R&D 投资的协整关系。关于数据的平稳性，已经在 5.2.5 小结中完成，这里就不再重复。因此本小结先确定模型的滞后阶数，其次确定存在几个协整关系，最后再进行协整检验。

1. 确定滞后阶数

如前所述，模型的滞后阶数不能过大，也不能过小，过大的滞后期阶数将会降低模型的自由度，进而影响参数估计量的有效性，过小的滞后期阶数可能会加大误差项的自相关性，增大估计参数值的误差。本小结仍利用 lnRD、lnM0、lnM1 和 lnM2 的季度数据，并基于模型（5.9）来确定最佳滞后阶数。如表 5 - 4 所示，根据 LR、FPE、AIC、HQIC 和 SBIC 准则可以得出，VAR 模型的最佳滞后期阶数为 4 阶。

表 5 - 4　　　　　　　　　VAR 模型最佳滞后阶数检验结果

lag	LL	LR	df	p	FPE	AIC	HQIC	SBIC
0	50.1408				2.30E - 06	- 1.64788	- 1.5918	- 1.50322
1	138.43	176.58	16	0	1.70E - 07	- 4.22964	- 3.9492	- 3.5063
2	182.3	87.741	16	0	6.40E - 08	- 5.22501	- 4.72022	- 3.923
3	233.327	102.05	16	0	1.90E - 08	- 6.47595	- 5.74681	- 4.59527
4	311.052	155.45 *	16	0	2.2e - 09 *	- 8.68041 *	- 7.72692 *	- 6.22106 *

2. 确定协整关系个数

确定最佳滞后阶数以后，本小结进一步确定变量间是否存在协整关系，如表 5 - 5 所示，lnRD、lnM0、lnM1 和 lnM2 四个变量之间，存在两个协整关系所对应的统计量（9.0096）在 5% 的水平下显著，说明 lnRD、lnM0、lnM1 和 lnM2 四个变量之间至少存在两个协整向量，即 2003 年第一季度 ~ 2017 年第四季度，我国各个层次货币供应量和 R&D 投资之间存在两个长期均衡的协整关系。

表 5 -5   **协整方程变量个数的检验结果**

协整方程个数	parms	LL	特征值	轨统计量	5% 的临界值
0	52	217. 81598	—	186. 4710	47. 21
1	59	278. 79185	0. 88670	64. 5193	29. 68
2	64	306. 54672	0. 62889	9. 0096 *	15. 41
3	67	311. 02346	0. 14776	0. 0562	3. 76
4	68	311. 05151	0. 00100	—	—

3. 协整分析

表 5 – 6 给出了 lnRD、lnM0、lnM1 和 lnM2 四个变量的协整分析结果。从表 5 – 6 可以看出，这两个协整方程是：

协整方程 1：$lnRD + 9.625427 \times lnM1 - 9.368974 \times lnM2 - 18.79226 = 0$

协整方程 2：$lnM0 + 9.652165 \times lnM1 - 13.66304 \times lnM2 + 52.68327 = 0$

进一步变形可以得出：

协整方程 1：$lnRD = -9.625427 \times lnM1 + 9.368974 \times lnM2 - 18.79226$
$$= 9.368974 \times lnM2 - 9.625427 \times lnM1 - 18.79226$$

协整方程 2：$lnM0 = -9.652165 \times lnM1 + 13.66304 \times lnM2 - 52.68327$
$$= 13.66304 \times lnM2 - 9.652165 \times lnM1 - 52.68327$$

表 5 -6   **标准化协整系数**

	beta	Coef.	Std. Err.	z	P > z	[95% Conf. Interval]
	lnRD	1				
	lnM0	0	(omitted)			
_ce1	lnM1	9. 625427	1. 905091	- 5. 05	0	13. 35934, 5. 891517
	lnM2	- 9. 368974	1. 534517	6. 11	0	- 6. 361375, - 12. 3765
	_cons	- 18. 79226				

续表

	beta	Coef.	Std. Err.	z	P > z	[95% Conf. Interval]
_ce2	lnRD	0	(omitted)			
	lnM0	1				
	lnM1	9.652165	2.824611	3.42	0.001	4.11603, 15.1883
	lnM2	−13.66304	2.275174	−6.01	0	−18.1222, −9.203776
	_cons	52.68327				
D_lnRD	_ce1					
	L1.	−0.6276985	0.1455941	−4.31	0	−0.9130577, −0.3423393
	_ce2					
	L1.	−0.2508108	0.131077	−1.91	0.056	−0.507717, 0.0060954
D_lnM0	_ce1					
	L1.	−2.550973	0.3667051	−6.96	0	−3.269702, −1.832244
	_ce2					
	L1.	−1.397669	0.3301411	−4.23	0	−2.044733, −0.7506039
D_lnM1	_ce1					
	L1.	−0.6473323	0.1669214	−3.88	0	−0.9744922, −0.3201724
	_ce2					
	L1.	−0.300958	0.1502777	−2	0.045	−0.5954969, −0.006419
D_lnM2	_ce1					
	L1.	−0.8300547	0.1798244	−4.62	0	−1.182504, −0.4776052
	_ce2					
	L1.	−0.4008089	0.1618942	−2.48	0.013	−0.7181158, −0.083502

　　由估计结果可知，Log likelihood 为 306.5467，并且在 1% 的水平下显著；AIC 为 −8.662383，HQIC 为 −7.764983，SBIC 为 −6.347695，AIC、HQIC 和 SBIC 都比较小，说明两个估计协整方程的可靠性以及拟合优度都比较好，同时从表 5−6 中可知，两个协整方程的系数估计值都在 1% 的水平下显著，此外，两个协整方程对应的残差的 ADF 检验都在 5% 的水平下显著，即残差项是稳定的，并且两个协整方程分别对应的 chi2 = 116.7575、 chi2 = 538.9495，都在 1% 的水平下显著，说明两个协整方程有效。

协整方程 1 反映了 R&D 投资与货币政策（M1 和 M2）之间的长期协整关系，但 lnM2 的系数估计值显著为正（9.368974），这与预期基本一致，这说明 M2 每增加 1%，研发投资将增加 9.368974%。而 lnM1 的系数估计值显著为负（-9.625427），与预期不符，而 lnM0 则直接被 Stata 软件 Omit 掉，因此，在后面的分析中，将只用 lnM2 进行分析。由前面的分析可知，M0 是流通在市面上的现金，其大小反映出人们的消费情况和生活水平。M1 等于市场上流通的货币量和商业银行活期存款总额之和，反映企业和居民资金松紧的变化情况。M2 是银行体系以外流通的通货和商业银行体系各种存款的总和。M2 = M1 + 商业银行的定期存款 + 储蓄存款，由于研发投资具有风险高、周期长、存在高度的不确定性等特点，研发投资与商业的定期存款（长期存款）有关也就不言而喻了。

协整方程 2 反映了 M0、M1 和 M2 三个货币政策的变量之间的长期协整关系。该模型中的 lnM2 的系数估计值显著为正，与预期基本一致，lnM1 的系数估计值显著为负，与预期不符。进一步分析可知，造成 lnM1 为负的原因可能是因为模型中同时加入了 lnM2 的原因。我们在进一步分析中，如果只选择 lnM0、lnM1 和 lnM2 中的两个变量与 R&D 投资进行协整分析，发现无论选择它们之间的哪两个变量，反映货币政策内部关系的两个货币政策间的协整方程系数都显著为正，与预期完全相符，这说明 lnM1 的系数估计值显著为负可能是因为模型中的 lnM2 "作用过渡" 所造成的。

表 5-6 中，反映调整速度的八个系数估计值（-0.6276985、-0.2508108、-2.550973、-1.397669、-0.6473323、-0.300958、-0.8300547 和 -0.4008089）都显著为负，说明它们之间都相互影响、相互制约，并且彼此之间并无哪个变量处于显著的主导地位，当其中一个变量处于较低水平时，都会随着其他变量的提高而向上调整。

5.3.3　格兰杰因果检验

协整分析只能从统计学的角度确定变量之间存在协整关系的可能性，也

就是说，协整分析并不能确定变量间是否具备统计意义上的因果关系，以及二者之间是怎样的协整关系。因此，需要进一步进行格兰杰因果检验，以便进一步确定这种均衡关系是否能构成因果关系以及变量间"谁是因，谁是果"。

表 5 - 7 和表 5 - 8 分别给出了标准化处理之前和标准化处理以后的格兰杰因果检验结果。从表 5 - 7 和表 5 - 8 的结果可以看出，考虑到协整 1 中的 lnM1 的系数估计值与预期不一致，因此，第一个协整方程中，我们只给出 lnRD 与 lnM2 之间的格兰杰因果检验结果。由表 5 - 7 和表 5 - 8 可知，lnRD 不是 lnM2 的 Granger 原因的概率远小于 1%，也就是 lnRD 是 lnM2 的 Granger 原因；lnM2 不是 lnRD 的 Granger 原因的概率分别为 4.24% 和 2.7%，即在 5% 的显著水平下，lnM2 是 lnRD 的 Granger 原因。由此可见，在 5% 的显著性水平下，企业研发支出金额增长是引起广义货币量增加的原因，同时广义货币量的增加也是引起企业扩大研发投资规模的原因。

表 5 - 7　　　　　　　　R&D、M0、M1、M2 格兰杰因果检验

	Equation	Excluded	F	df	df_r	Prob > F
_ce1	lnRD	lnM2	16.166	4	39	0.0000
	lnM2	lnRD	2.7361	4	39	0.0424
_ce2	lnM0	lnM1	14.011	4	39	0.0000
	lnM0	lnM2	18.401	4	39	0.0000
	lnM1	lnM0	4.326	4	39	0.0054
	lnM1	lnM2	13.508	4	39	0.0000
	lnM2	lnM0	4.1717	4	39	0.0066
	lnM2	lnM1	13.292	4	39	0.0000

表 5 – 8　　　　　　　　**RD、M0、M1、M2 格兰杰因果检验**

	Equation	Excluded	chi2	df	Prob > chi2
_ce1	lnRD	lnM2	64.666	4	0.000
	lnM2	lnRD	10.944	4	0.027
_ce2	lnM0	lnM1	56.044	4	0.000
	lnM0	lnM2	73.604	4	0.000
	lnM1	lnM0	17.304	4	0.002
	lnM1	lnM2	54.032	4	0.000
	lnM2	lnM0	16.687	4	0.002
	lnM2	lnM1	53.167	4	0.000

表 5 – 7 和表 5 – 8 同时还分别给出了协整方程 2 标准化处理前后的格兰杰因果检验结果。由表 5 – 7 和表 5 – 8 可以看出，lnM0、lnM1、lnM2 两两相互进行格兰杰因果检验，结果都在 1% 的水平下显著，这说明 lnM0、lnM1 和 lnM2 三者彼此之间互为 Granger 原因，lnM0、lnM1 和 lnM2 三者中任何一项的增加，都会导致其他两项的增加。

5.4　货币政策通过融资约束对企业 R&D 投资的宏观协整分析

5.4.1　理论分析与文献回顾

一般来说，货币政策会通过融资约束对企业的投资（如 R&D 投资）产生影响，当央行施行宽松的货币政策时能够促进企业获取外部融资，从而降低企业的外部融资约束，进而促使企业增加 R&D 投资；而紧缩的货币政策会减少市场上企业可获得的外部融资数量，增加企业的融资约束，进而减少企业的 R&D 投资。而企业的 R&D 投资相较于一般的扩张性投资更具有累计性、长期性、创新性等特点。这就意味着企业一旦开始 R&D 投资，即使在紧缩的货币政策下企业也有可能继续进行 R&D 投资，这就会给致力于创新

的企业造成相当大的财务风险。企业不仅可能因此停止研发活动而遭受损失，而且还可能因为资金问题无法存活下来。因此，基于 R&D 投资的这些特性，企业所面对的融资约束越高，管理层出于对风险的考虑越不愿意进行 R&D 投资。过新伟（2014）指出，受融资约束企业的 R&D 投资系统地依赖于内部现金流，而非融资约束企业的 R&D 投资更多地依靠债务融资，对内部现金流的依赖性不明显。货币政策正是对企业的外部融资环境产生影响，进而对企业的 R&D 投资行为产生影响。然而货币政策促进 R&D 投资与其传导机制密切相关。宏观货币政策的实施，无法对企业的 R&D 投资行为产生直接的影响，中央银行实施的货币政策作用于微观企业依靠的是其对金融市场、商品价格及各种金融工具等与投资密切相关的融资环境产生影响，进而通过这些中介因素最终对企业投资产生影响。基于国内外学者的研究，货币传导渠道主要有：利率传导渠道、信贷传导渠道、资产价格传导渠道、汇率传导渠道。在上述四种渠道下，研究货币政策通过融资约束对企业 R&D 投资的协整分析的文献主要如下。

1. 银行信贷传导渠道下货币政策通过融资约束对企业 R&D 投资的影响

银行信贷是货币政策的重要传导渠道之一。当中央银行采取紧缩的货币政策时，银行会相应减少企业信贷，货币供给减小必然会使得企业贷款难度增大，融资成本增加，融资约束增大，企业 R&D 投资就会相应减少。相反，货币政策宽松，银行会增加企业信贷，货币供给增加，贷款利率相应会降低，融资约束减弱，企业 R&D 投资会相应增加。盛朝晖（2006）、盛松成和吴培新（2008）认为，由于我国实行的有管制的利率指导，货币政策对企业投资（包括 R&D 投资）的影响主要是通过信贷渠道进行。战明华和应诚炜（2015）指出，我国货币政策传导中，信贷渠道占主导地位，信贷渠道优于利率渠道。中央银行的货币政策传达到信贷市场时，首先对商业银行的超额准备金、再贴现率产生影响，继而影响银行的信贷配给，最终影响企业的融资行为和投资决策。当中央银行实行宽松的货币政策时，银行信贷规模增大，企业能通过金融机构获得的贷款数量增加，企业 R&D 投资也相应增加。王超发和孙静春（2017）根据决策者认知偏差和分子动力学理论，分析了不同信贷约束下，货币政策对企业 R&D 投资项目的影响，结果得出了类似的结论。张林丁和鑫王佳（2018）基于中国信贷市场的制度背景和商业信用的融资功能研究发现，在货币紧缩期，商业信用对民营企业 R&D 投资的影响远大于国有企业。胡杰（2019）以规模以上企业为对象，多途径考察信贷市场对其研发投资的影响发现，银行信贷对缓解企业融资约束的作用十分有限，但商业信用却可以在一定程度上降低融资约束对企业 R&D 投资的影响。

2. 利率传导渠道下货币政策通过融资约束对企业 R&D 投资的影响

利率是另一种货币政策传导渠道。利率传递渠道下货币政策通过融资约束对企业 R&D 投资具有显著作用。利率渠道传导机制下，利率是否市场化以及市场化的程度都将影响货币政策的传导效果。当利率市场化程度较高时，中央银行调整实施货币政策将导致市场基准利率、存贷款利率、资本市场利率等各种收益率发生改变，这些利率的改变将影响到市场上的资金供给，改变企业的融资环境，进而影响企业 R&D 投资行为。由于当前我国利率市场化程度较低、利率传导渠道并没有像西方国家那样有效。随着我国利率市场化不断推进，利率传导渠道对国家的经济和投资的作用会越来越大（张辉、黄泽华，2011）。胡新明和彭方平（2018）研究发现，随着我国利率市场化程度的提高，利率对投资的影响会越来越明显。钱雪松、杜立（2015）认为，以利率为中介的货币传导机制在我国已基本建立，并且已经开始对企业 R&D 投资产生影响。谢乔昕（2017）分析研究了货币政策调控对于企业 R&D 投资的影响效应、作用渠道及货币政策扰动对这种影响效应的调节作用，发现宽松的货币政策与企业 R&D 投资显著正相关。货币政策对企业 R&D 投资的影响，无论是在需求效应还是在供给效应上均成立。

3. 资产价格传导渠道下货币政策通过融资约束对企业 R&D 投资的影响

资产价格传导渠道是由托宾（1961）基于凯恩斯的利率传导理论提出来的，并形成了著名的托宾 Q 理论。该理论指出，Q 为公司市场价值与资本重置成本之比，当 Q 值大于 1 时，表明公司市场价值高于重置成本，投资机会增加；反之则相反。当中央银行实行宽松的货币政策时，市场上流通

的货币数量将增加，股票价格会相应上升，企业将更容易融到所需要的资金来支持企业 R&D 投资活动。反之，当中央银行实行紧缩性货币政策，货币供应量减少，股票价格下跌，资本市场的融资功能将会大大降低。由于我国资本市场不完善，国内鲜有学者研究货币政策通过资产价格传导渠道影响微观企业行为，鲜有的几位学者的研究认为资产价格传递渠道在我国并不是主要渠道。连军等（2018）指出，资产价格渠道并非是货币政策影响企业 R&D 投资的重要因素。曾繁华（2014）研究发现，我国央行通过调整货币政策可以影响资本市场，但这种政策作用通过资本市场再传递到实体经济（即所谓的第二阶段的财富效应）非常弱小，资本市场的资产价格传导渠道功能较弱。

4. 汇率传导渠道下货币政策通过融资约束对 R&D 投资的影响

汇率也是货币政策的重要传导渠道。理论上讲，在完美并且开放的市场经济环境下，汇率上升短期内会吸引更多的国际资本，资本市场可贷资金随之增加，企业融资约束降低。但是，汇率上升又会导致出口下降，并最终伤害到实体经济。由此可见，汇率对企业 R&D 投资的影响是多方面的。熊广勤和周文锋（2018）指出，当汇率升值时，跨国公司会主动压缩其在母国和东道国的产出水平，这将会导致母国公司的边际成本上升，公司 R&D 投资的边际收益下降，并最终会导致公司压缩 R&D 投资。由于我国目前实行有管制的浮动汇率，汇率传导机制在我国的有效性并不强。王雪（2016）指出，我国的汇率传递渠道从长期来看总体是有效的，但在短期内基本无效。顾海峰（2017）研究发现，我国汇改前的汇率传导效应很低，基本可以忽略不计，汇改后的汇率传导机制相比汇改前有了很大的提升。

5.4.2 货币政策通过银行信贷渠道与 R&D 投资的宏观协整分析

本小结将分析货币政策通过银行信贷渠道与 R&D 投资之间的协整关系。货币政策将只选择 M2，不仅是因为 5.3.2 协整分析的结果，还因为只有 M2 包括了与反映融资约束的银行信贷渠道有关的定期存款（长期存款）。本小结将在模型（5.10）的基础上，分析 M2 通过金融机构各季度贷款余额

（Dkye）与 R&D 投资的协整关系。通过 5.2.5 平稳性检验分析可知，lnRD、lnM2 和 lnDkye 这三个变量可以进行协整分析。和 5.3 节一样，本小结也先确定模型的滞后阶数，然后确定存在几个协整关系，最后进行协整检验。

1. 协整分析

（1）确定滞后阶数。

在进行协整分析前，仍然需要先确定滞后阶数。本小结仍利用 lnRD、lnM2 和 lnDkye 的季度数据，并基于模型（5.10）来确定最佳滞后阶数。结果见表 5 – 9。由表 5 – 9 可知，根据 LR、FPE、AIC、HQIC 和 SBIC 五个判断准则可以得出，VAR 模型的最佳滞后期阶数为 4 阶。

表 5 – 9   VAR 模型最佳滞后阶数检验结果

lag	LL	LR	df	p	FPE	AIC	HQIC	SBIC
0	118. 226			0. 000	3. 3e – 06	– 4. 11522	– 4. 07315	– 4. 00672
1	216. 43	196. 41	9	0. 000	1. 4e – 07	– 7. 30106	– 7. 1328	– 6. 86706
2	226. 52	20. 18	9	0. 000	1. 3e – 07	– 7. 34	– 7. 04554	– 6. 58049
3	253. 683	54. 326	9	0. 000	6. 9e – 08	– 7. 98868	– 7. 56802	– 6. 90367 *
4	270. 241	33. 115 *	9	0. 000	5. 3e – 08 *	– 8. 25859 *	– 7. 71174 *	– 6. 84808 *

（2）确定协整关系个数。

确定最佳滞后期阶数为 4 阶以后，本小结将进一步确定 lnRD、lnM2 和 lnDkye 三者之间是否存在协整关系以及具体有几个协整关系。表 5 – 10 的结果显示，存在两个协整关系所对应的统计量（0.0182）在 5% 的水平下显著，说明 lnRD、lnM2 和 lnDkye 三者之间至少存在两个协整向量，即 2003 年第一季度 ~ 2017 年第四季度，M2 在金融机构贷款余额与 R&D 投资之间存在两个长期均衡的协整关系。

表 5 - 10 协整方程变量个数的检验结果

协整方程个数	parms	LL	特征值	轨统计量	5% 的临界值
0	30	231. 21223	—	78. 0566	29. 68
1	35	256. 98191	0. 60162	26. 5172	15. 41
2	38	270. 23142	0. 37699	0. 0182 *	3. 76
3	39	270. 24051	0. 00032	0	0

（3）协整分析。

表 5 - 11 给出了 lnRD、lnM2 和 lnDkye 三个变量的协整分析结果。从表 5 - 11 可以看出，这两个协整方程是：

协整方程 3：$lnRD - 1.960078 \times lnDkye + 14.08362 = 0$

协整方程 4：$lnM2 - 0.9215453 \times lnDkye - 1.425524 = 0$

进一步变形可以得出：

协整方程 3：$lnRD = 1.960078 \times lnDkye - 14.08362$

协整方程 4：$lnM2 = 0.9215453 \times lnDkye + 1.425524$

表 5 - 11 标准化协整系数

	beta	Coef.	Std. Err.	z	P > z	[95% Conf. Interval]
_ce1	lnRD	1				
	lnM2	0	（omitted）			
	lnDkye	- 1. 960078	0. 2246421	- 8. 73	0	- 2. 400368，- 1. 519787
	_cons	14. 08362				
_ce2	lnRD	0	（omitted）			
	lnM2	1				
	lnDkye	- 0. 9215453	0. 0163438	- 56. 38	0	- 0. 9535786，- 0. 889512
	_cons	- 1. 425524				

续表

	beta	Coef.	Std. Err.	z	P > z	[95% Conf. Interval]
D_lnRD	_ce1					
	L1.	0.9676111	0.2262273	4.28	0	0.5242137，1.411008
	_ce2					
	L1.	7.161182	2.755026	2.6	0.009	1.761431，12.56093
D_lnM2	_ce1					
	L1.	1.266727	0.2661006	4.76	0	0.7451794，1.788275
	_ce2					
	L1.	10.68347	3.240608	3.3	0.001	4.33199，17.03494

由估计结果可知，Log likelihood 为 270.2314，并且在 1% 的水平下高度显著；AIC 为 −8.293979，HQIC 为 −7.761148，SBIC 为 −6.919633，AIC、HQIC 和 SBIC 都比较小，说明两个估计协整方程的可靠性以及拟合优度都比较好。同时从表 5−11 中可知，两个协整方程的系数估计值都在 1% 的水平下显著，此外，两个协整方程对应的残差的 ADF 检验都在 5% 的水平下显著，即残差项是稳定的，并且两个协整方程分别对应的 chi2 = 76.13149、chi2 = 3179.259 都在 1% 的水平下显著，说明两个协整方程有效。

协整方程 3 反映了 R&D 投资与金融机构贷款余额（lnDkye）之间的长期协整关系，并且 lnDkye 的系数估计值（1.960078）显著为正，这与预期是一样的。协整方程 4 可进一步变形得到：lnDkye = 1.085133851 × lnM2 − 1.546884347。可见，当 M2 每增加 1%，lnDkye 将增加 1.085133851%。同时观察协整方程 3 和方程 4，我们可以初步确认，金融机构贷款余额（lnD-kye）确实充当了货币政策与 R&D 投资之间协整关系的中介作用，并且这种中介作用是有效的。货币政策通过金融机构贷款余额影响 R&D 的作用，从长期看确实是有效的。

2. 格兰杰因果检验

由于协整分析只能从统计学的角度确定变量之间存在协整关系的可能

性，也就是说，协整分析并不能确定变量间是否具备统计意义上的因果关系以及是怎样协整关系。因此需要进一步进行 Granger 因果检验，以便进一步确定这种均衡关系中"谁是因，谁是果"。

表 5 – 12 和表 5 – 13 分别给出了标准化处理前后的格兰杰因果检验结果。从表 5 – 12 和表 5 – 13 的结果可以看出，协整方程 3 中，lnRD 在 1% 的显著水平下是 lnDkye 的 Granger 原因，lnDkye 在 5% 的显著水平下是 lnRD 的 Granger 原因。同理，协整方程 4 中，LnM2 与 lnDkye 在 1% 的显著水平下互为 Granger 的原因。这不仅进一步证明了上述变形（协整方程 4：lnM2 = 0.9215453 × lnDkye + 1.425524 变形为：lnDkye = 1.085133851 × lnM2 − 1.546884347）是正确的，同时也进一步证明了货币政策（M2）通过金融机构贷款余额（lnDkye）影响 R&D 投资的长期效应是有效的。

表 5 – 12　　　　　　　　　　格兰杰因果检验结果

Equation	Excluded	F	df	df_r	Prob > F
lnRD	lnDkye	4.3276	4	43	0.0050
lnDkye	lnRD	2.9222	4	43	0.0318
lnM2	lnDkye	5.2775	4	43	0.0015
lnDkye	lnM2	6.2983	4	43	0.0004

表 5 – 13　　　　　　　　　　格兰杰因果检验结果

Equation	Excluded	chi2	df	Prob > chi2
lnRD	lnDkye	17.311	4	0.002
lnDkye	lnRD	11.689	4	0.020
lnDkye	lnM2	25.193	4	0.000
lnM2	lnDkye	21.11	4	0.000

5.4.3　货币政策通过利率渠道与 R&D 投资的宏观协整分析

本小结将分析货币政策通过利率渠道与 R&D 投资之间的协整关系。与

5.4.2 小结一样，本小结货币政策也只选择货币政策 M2。本小结将在模型（5.11）的基础上，分析 M2 通过银行间 7 天同业拆借利率（I7）与 R&D 投资的协整关系。通过 5.2.5 平稳性检验分析可知，lnRD、lnM2 和 I7 这三个变量可以进行协整分析。和前面一样，本小结也先确定模型的滞后阶数，其次确定存在几个协整关系，最后进行协整分析。

1. 协整分析

（1）确定滞后阶数。

在进行协整分析前，仍然需要先确定滞后阶数。本小结仍利用 lnRD、lnM2 和 I7 的季度数据，并基于模型（5.11）来确定最佳滞后阶数，结果见表 5 - 14。由表 5 - 14 可知，根据 LR、FPE、AIC、HQIC 和 SBIC 五个判断准则可以得出，VAR 模型的最佳滞后期阶数仍然是 4 阶。

表 5 - 14   VAR 模型最佳滞后阶数检验结果

lag	LL	LR	df	p	FPE	AIC	HQIC	SBIC
0	- 58. 7923				0. 001824	2. 20687	2. 24893	2. 31537
1	17. 6342	152. 85	9	0. 000	0. 000164	- 0. 20122	- 0. 032958	0. 232783 *
2	34. 0466	32. 825	9	0. 000	0. 000126	- 0. 465949	- 0. 17149	0. 293558
3	44. 8598	21. 626	9	0. 010	0. 000119	- 0. 530708	- 0. 110052	0. 554302
4	62. 3406	34. 962 *	9	0. 000	0. 000089 *	- 0. 833593 *	- 0. 28674 *	0. 57692

（2）确定协整关系个数。

确定最佳滞后期阶数为 4 阶以后，本小结进一步确定 lnRD、lnM2 和 I7 三者之间是否存在协整关系以及具体有几个协整关系。表 5 - 15 的结果显示，存在一个协整关系所对应的统计量（14.1748）在 5% 的水平下显著，说明 lnRD、lnM2 和 I7 三者之间至少存在一个协整向量，即 2003 年第一季度 ~ 2017 年第四季度，M2 通过银行间 7 天同业拆借利率（I7）与 R&D 投资之间存在一个长期均衡的协整关系。

表 5 – 15		协整方程变量个数的检验结果			
协整方程个数	parms	LL	特征值	轨统计量	5% 的临界值
0	30	19. 626444	.	85. 4283	29. 68
1	35	45. 253221	0. 59958	14. 1748 *	15. 41
2	38	60. 166019	0. 41292	4. 3492	3. 76
3	39	62. 340605	0. 07472		

（3）协整分析。

表 5 – 16 给出了 lnRD、lnM2 和 I7 三个变量的协整分析结果。从表 5 – 16 中可以看出，协整方程是：

协整方程 5：$\ln RD - 39.72841 \times \ln M2 + 25.5911 \times I7 + 447.5851 = 0$

进一步变形可以得出：

协整方程 5：$\ln RD = 39.72841 \times \ln M2 - 25.5911 \times I7 - 447.5851$

表 5 – 16			协整方程系数结果			
	beta	Coef.	Std. Err.	z	P > z	［95% Conf. Interval］
_ce1	lnRD	1				
	lnM2	– 39. 72841	4. 888768	– 8. 13	0	– 49. 31022，– 30. 14661
	I7	25. 5911	3. 650657	7. 01	0	18. 43594，32. 74626
	_cons	447. 5851				
D_lnRD	_ce1 L1.	0. 026391	0. 0055979	4. 71	0	0. 0154194，0. 0373626
D_lnM2	_ce1 L1.	0. 0314873	0. 0065365	4. 82	0	0. 0186759，0. 0442986

由估计结果可知，Log likelihood 为 45. 25322，并且在 1% 的水平高度显著；AIC 为 – 0. 3661865，HQIC 为 0. 1245789，SBIC 为 0. 8996583，AIC、HQIC 和 SBIC 都比较小，说明两个估计协整方程的可靠性以及拟合优度都

比较好，协整方程的 chi2 = 69. 32327，并且在 1% 的水平下显著，说明协整方程有效。同时从表 5 - 16 可知，协整方程的系数估计值都在 1% 的水平下显著。此外，两个协整方程对应的残差的 ADF 检验都在 5% 的水平下显著，即残差项是稳定的。

由协整方程 5 可知，长期看，lnM2 的系数估计值显著为正，说明长期看，M2 增加会导致 R&D 投资随之增加；I7 的系数估计值显著为负，说明 I7 提高，即融资约束增大，R&D 投资会减少，这些与预期基本一致。

2. 格兰杰因果检验

如前所述，协整分析只能从统计学的角度确定变量之间存在协整关系的可能性，它并不能确定变量间是否具备统计意义上的因果关系以及是怎样协整关系。因此需要进一步进行 Granger 因果检验，以便进一步确定这种均衡关系中"谁是因，谁是果"。

表 5 - 17 和表 5 - 18 分别给出了标准化处理前后的格兰杰因果检验结果。从表 5 - 17 和表 5 - 18 的结果可以看出：（1）lnRD 和 lnM2 相互进行格兰杰因果检验结果都显著，说明它们二者互为 Granger 原因；（2）lnRD 和 I7 相互进行格兰杰因果检验，结果发现，I7 在 10% 的水平下是 lnRD 的 Granger 原因，但 lnRD 不是 I7 的 Granger 原因；（3）lnM2 和 I7 相互进行格兰杰因果检验，结果发现，lnM2 在 10% 的水平下是 I7 的 Granger 原因，但 I7 不是 lnM2 的 Granger 原因。这说明，即使从长期看，货币政策通过利率传递渠道影响 R&D 投资也是不畅通的，这可能与我国长期以来对利率实行严格管制有关，我国银行利率并不是完全根据市场经济需求来自行调节的。

表 5 – 17　　　　　　　　　　格兰杰因果检验结果

	Equation	Excluded	F	df	df_r	Prob > F
_ce1	lnRD	lnM2	4. 6782	2	51	0. 0136
	lnRD	I7	1. 5576	2	51	0. 2205
	lnRD	ALL	3. 4156	4	51	0. 0150
	lnM2	lnRD	3. 3505	2	51	0. 0429

续表

	Equation	Excluded	F	df	df_r	Prob > F
	lnM2	I7	2. 5336	2	51	0. 0893
	lnM2	ALL	3. 5853	4	51	0. 0119
_ce1	I7	lnRD	2. 8368	2	51	0. 0679
	I7	lnM2	2. 535	2	51	0. 1892
	I7	ALL	4. 0518	4	51	0. 0063

表 5 - 18　　　　　　　　　　格兰杰因果检验结果

	Equation	Excluded	chi2	df	Prob > chi2
	lnRD	lnM2	9. 3564	2	0. 009
	lnRD	I7	3. 1152	2	0. 211
	lnRD	ALL	13. 662	4	0. 008
	lnM2	lnRD	6. 7011	2	0. 035
_ce1	lnM2	I7	5. 0673	2	0. 079
	lnM2	ALL	14. 341	4	0. 006
	I7	lnRD	5. 6735	2	0. 059
	I7	lnM2	5. 0701	2	0. 179
	I7	ALL	16. 207	4	0. 003

5.5　本章小结

本章首先介绍协整分析的基本思想，包括：什么是协整分析、为什么要做协整分析以及如何做协整分析（首先进行平稳性检验，然后确定滞后期，接着确定存在协整方程的个数，最后进行协整分析和格兰杰因果检验）。其次介绍本章所用到的数据来源与变量选择，并进行描述性统计分析，同时一次性对后面三个协整分析做数据的平稳性检验。最后分别做：（1）货币政策与 R&D 投资间的协整关系分析。（2）货币政策通过融资约束对企业 R&D 投资的协整关系分析。具体又分为，通过信贷渠道引起的融资约束和通过利率渠道引起的融资约束两种。通过本章的分析，我们可以发现：

（1）尽管 lnM0、lnM1 和 lnM2 三者之间存在长期协整关系，并且它们之间互为 Granger 原因，但是只有 lnM2 与 lnRD 之间存在的长期协整关系有效，且 lnM2 与 lnRD 也互为 Granger 原因。由此可见，影响企业 R&D 投资的货币政策变量主要是 M2，而不是 M0 和 M1。因此，国家应在调控 M2 上下功夫，并寻求更加灵活的政策措施，来促进企业加大 R&D 投资和产业升级转型。

（2）引入金融机构贷款余额以后，在 lnM2、lnDkye 和 lnRD 三者之间、lnM2 与 lnDkye 之间存在长期协整关系，lnDkye 和 lnRD 也存在长期协整关系，由此可见，金融机构贷款余额确实充当了货币政策（M2）与 R&D 投资之间协整关系的中介作用，并且这种中介作用是有效的。货币政策通过金融机构贷款余额影响 R&D 的作用，从长期看确实是有效的。

（3）引入银行间 7 天同业拆借利率以后，在 lnM2、I7 和 lnRD 三者之间存在一个协整关系，进一步分析发现，lnRD 和 lnM2 之间互为 Granger 原因，但 lnRD 不是 I7 的 Granger 原因，I7 不是 lnM2 的 Granger 原因。由此可见，从长期看，银行间 7 天同业拆借利率未能有效地充当货币政策与 R&D 投资之间协整关系的中介作用。货币政策通过利率渠道无法影响企业 R&D 投资，这可能与我国长期以来对利率实行严格管制有关，我国银行利率并不是完全根据市场经济需求来自行调节。

由（2）和（3）可知，我国货币传导渠道中的信贷渠道畅通的，但利率渠道是受阻的，货币政策通过利率渠道无法影响企业 R&D 投资，这可能与我国长期以来对利率实行严格管制有关。利率管制不仅阻碍了利率传导机制发挥作用，还导致货币政策调控只能更多地依赖信贷渠道，单纯依赖信贷传递渠道将导致货币市场缺乏利率渠道导致的必要弹性和缓冲，其最终结果是现实中的真实投资和经济的剧烈波动，以及政策上的"一放即乱，一收即死"的两难局面。

第 6 章

货币政策、融资约束与企业 R&D 投资间的微观实证检验与第 5 章相比，本章主要从微观层面，分析货币政策、融资约束与企业 R&D 投资间的协整关系。因此，本章首先根据研究目的提出研究假设，然后设定研究模型，同时选择研究变量，接着进行样本选择性偏误检验，最后进行实证结果分析。

6.1　研究假设

6.1.1　货币政策与企业 R&D 投资

货币政策是一个国家的中央银行控制和调节货币供应量和信用货币量的方针、政策和措施的总和，它是一个国家或地区调控宏观经济的重要手段和工具之一。常见的货币政策工具主要有法定准备金率、贴现政策和公开市场业务等。中央银行可利用货币工具来进行宏观调控，以此实现我国经济高质量发展目标。因此，宏观货币政策的变化不仅会影响宏观经济的总产出，还会影响每一个微观企业的投资行为。货币政策也可简单地分为紧缩型货币政策和宽松型货币政策两种类型。当市场投资过热时，国家可以选择紧缩型货币政策来控制市场中流通的货币量来给过热的投资降温；反之，当经济呈下行态势，市场出现投资不足时，国家会选择宽松的货币政策来刺激投资。

考虑到 R&D 投资是一项投资金额大、周期长，并且存在高度的不确定性的投资，货币政策对企业 R&D 投资的影响将会更大。谢乔昕（2017）从需求和供给两个维度研究中国货币政策与企业 R&D 投资的关系时发现，无论是从需求渠道看，还是从供给渠道看，货币政策对企业 R&D 投资的影响都非常显著。在宽松的货币政策下，企业自由现金流相对充裕，因此有更多的意愿从事 R&D 投资。肖虹和肖明芳（2014）发现，货币政策显著影响企业 R&D 投资，宽松的货币政策能够促进企业加大 R&D 投资；反之，紧缩的货币政策不利于企业加大 R&D 投入，并且这种现象非国有企业比国有企业表现得更为强烈。连军、吴霞、刘星（2018）研究得出了几乎一样的结论，并将这种现象归因为"所有制歧视"原因所致。刘胜强和常武斌（2016）

分别从内部资本市场和会计稳健性的角度，研究了货币政策对企业 R&D 投资的影响，也得出了一样的结论。张林、丁鑫、王佳（2018）基于中国信贷市场的制度背景和商业信用的融资功能研究发现，在货币紧缩期，商业信用对民营企业 R&D 投资的影响远大于国有企业。胡杰（2019）以规模以上的工业企业为对象，考察多途径信贷市场对其研发投资的影响发现，银行信贷对缓解企业融资约束的作用十分有限，但商业信用却可以在一定程度上降低融资约束对企业 R&D 投资的影响。再从货币传导渠道看，盛松成和吴培新（2008）认为，由于我国实行有管制的利率指导，货币政策对企业投资（包括 R&D 投资）的影响主要是通过信贷渠道完成的。

根据货币政策传导理论，货币政策主要通过货币渠道（主要有利率渠道、汇率渠道、托宾 Q 渠道和财富渠道等）和信贷渠道（主要有资产负债表渠道和银行存款渠道）对宏观经济及微观企业产生影响。具体而言，就是通过改变公司融资成本和限制融资规模等来影响企业的投资行为。现在的研究表明，在我国，信贷渠道占主导地位，信贷渠道优于利率渠道。杨兴全和尹兴强（2017）按照股权性质不同将样本企业分为民企、地企和央企三类，实证研究证实了货币政策能够通过信贷渠道影响企业投资，且对于不同类型企业的影响程度存在差异。尽管我们在第 5 章研究发现，我国货币政策的利率渠道并不畅通，但胡新明和彭方平（2018）研究发现，随着我国利率市场化程度的提高，利率对投资的影响会越来越明显。钱雪松和杜立（2015）指出，以利率为中介的货币传导传导机制在我国已基本建立，并且已经开始对企业 R&D 投资产生影响。连军等（2018）指出，资产价格渠道并非是货币政策影响企业 R&D 投资的重要因素。熊广勤和周文锋（2018）指出，当汇率升值时，跨国公司会主动压缩其在母国和东道国的产出水平，这将会导致母国公司的边际成本上升，公司 R&D 投资的边际收益下降，并最终导致公司压缩 R&D 投资。

由以上分析可知，无论是直接研究货币政策对企业 R&D 投资的影响，还是从货币传导渠道的角度分析，基本上都认为二者之间呈正相关关系。因此，本章提出第一个研究假设：

假设 1：在控制其他因素不变的情况下，企业 R&D 投资与货币政策呈正相关关系。货币政策越宽松，企业会加大 R&D 投入；反之，货币政策趋紧，企业会减少 R&D 投入。

6.1.2 货币政策、融资约束与企业 R&D 投资

现代财务理论认为，由于信息不对称和代理问题的存在，外部融资成本显著高于内源性融资，内源性融资不足无法满足企业经营需要，从而产生融资约束问题。法扎里、哈巴德和彼得森（1988）开创性地提出融资约束的概念，他们指出，融资约束的存在使得企业 R&D 投资更多的来源于内源性融资并且对企业 R&D 活动的投资不足。R&D 投资具有长期性、高风险性、结果不可预知性这三个特征，造成 R&D 投资形成的资产价值具有高度不确定性，同时其价值还将随着新技术的出现而贬值。并且，这类资产往往不具有实物形态，难以观察和控制，可抵押价值非常低。因此，R&D 投资更多依赖于企业自有资金而不是外部融资。不仅如此，R&D 活动具有较高的排他性和保密性，外部资金供给与企业内部研发之间信息不对等，资金供给方会采取更为严苛的融资条款来弥补信息不对称带来的潜在不利因素，企业 R&D 投资将面临更为严峻的外部融资约束。唐清泉和肖海莲（2012）研究发现，R&D 投资存在高风险、收益不确定等特点使得其通过外部融资渠道来获得资金支持的难度较大。沈红波等（2010）指出，由于 R&D 投资对现金流高度敏感，我国上市公司普遍存在 R&D 融资约束。融资约束会导致企业借款渠道不畅通，增加 R&D 活动成本，进而制约着企业的 R&D 投资行为。卢馨等（2013）指出，高新技术企业所面临的 R&D 融资约束更为明显。钟凯和程小可等（2017）研究发现，货币紧缩加剧了创新企业的融资约束，企业 R&D 投入更依赖于内源性资金。

回到货币政策，无论是通过货币渠道，还是通过信贷渠道进行货币政策调整，其最终结果都是改变整个社会的货币供给量，进而改变公司的融资成本和限制融资规模来影响企业的财务决策行为。黄志忠和钱晨等（2015）指出，宽松的货币政策可以降低民营企业融资约束，促使管理层加大 R&D

投入，激发其自主研发创新积极性。高丽和胡木生（2014）也同样发现货币政策会影响企业 R&D 投入，且对于融资约束不同的企业，影响程度具有很大差异。张玲红（2016）提出融资约束组带的观点，认为其存在于货币政策与研发投资之间，货币政策能够通过影响内外部融资约束来影响企业研发投资。魏群和靳曙畅（2018）研究发现，货币政策紧缩时，商业信用对 R&D 融资约束有一定的缓解作用，并且这种作用在国有企业中表现得更为明显。刘胜强、周肖、刘三昌（2017）研究发现，企业内部资本市场同样具有类似的作用。刘树海（2018）指出，与低融资约束组相比，高融资约束组中的企业 R&D 投资受紧缩性货币政策的抑制效果更为显著。

基于此，本书提出第二个假设：

假设 2：在控制其他因素不变的情况下，融资约束对货币政策影响企业 R&D 投资的正向影响有一定的抑制作用，融资约束高的企业在货币政策紧缩时期更容易减少 R&D 投资。

6.2　模型设计与变量定义

6.2.1　常见投资模型介绍

1. "投资—现金流"投资模型（investment-cash flow model）

"投资—现金流"是现代公司财务理论中一个非常经典和重要的投资模型，该模型最早是由芝加哥郝特国际财务顾问公司（HOLT Value Associates, Chicago）提出的，后被一些财务学家广泛接受和认可。MM 理论告诉我们，在完美资本市场中，投资与融资无关。然而现实中由于资本市场不完美，市场存在着大量的信息不对称以及现代企业所有权和经营权分离导致的委托代理问题、逆向选择和道德风险等。信息不对称制约了企业外源融资，导致内源融资成本和外部融资成本差异巨大。一般来说，内源性融资具有明显的成本优势，但内源性融资会受企业前期经营情况和证监会关于上市公司分红政策的影响。当企业所需外部资金较多时，内源性融资很难满足要求，一般只能靠外部融资解决。外部融资主要有向银行借款和直接从资本市场上融资，然而这两种融资方式都直接或者间接受到一个国家的货币政策的影响。货币政策宽松，银行借款利息率下降，借款成本降低，通过发行股票直接融资的融资成本也会大幅度降低。货币政策不仅影响着外源性融资，也会影响企业内源性融资。当货币政策宽松，市场流动性增强，货币贬值率相应会提高，企业持有的现金绝对收益会下降，内源性融资的融资成本（机会成本）会增加。FHP（Fazzari，Hubbard and Petersen）于 1988 年，在基于新古典投资模型，同时考虑资金成本对企业投融资的影响基础上，提出了"投资—现金流"模型，如式（6.1）所示，I 表示企业投资，C_K 表示资金成本，K 表示企业资本存量，CF 表示企业内部现金流，β_3 反映了企业投资现金流的敏感性程度。

$$\left(\frac{I}{K}\right)_{it} = \beta_0 + \beta_1\left(\frac{C_K}{K}\right)_{it} + \beta_2\left(\frac{C_K}{K}\right)_{i,t-1} + \beta_3\left(\frac{CF}{K}\right)_{it} + \varepsilon_{it} \qquad (6.1)$$

由于企业资金成本（C_K）受到货币政策的影响，假设货币政策为 MC，即：

$$\left(\frac{C_K}{K}\right)_{it} = \alpha_0 + \alpha_1 MC_t + \varepsilon_{it} \qquad (6.2)$$

因此，考虑货币政策的"投资—现金流"模型是：

$$\left(\frac{I}{K}\right)_{it} = \alpha_0 + \alpha_1 MC_t + \alpha_2 MC_{t-1} + \alpha_3\left(\frac{CF}{K}\right)_{it} + \varepsilon_{it} \qquad (6.3)$$

2. "销售加速度"投资模型（sales acceleration investment model）

"销售加速度"投资模型是公司财务中又一非常经典的投资模型。在 FHP 的"投资—现金流"投资模型的基础上，1988 年财务学家亚伯（Abel）重新以销售收入为视角，提出了"销售加速度"投资模型。该模型基于"投资—现金流"模型中的投资与现金流之间关系不变，考虑到销售收入作为企业现金存量和现金净流量的主要来源，同时又会影响企业投资现金流而作出一些调整。基于式（6.3），考虑货币政策因素的"销售加速度"投资模型可以写成式（6.4），其中，S 代表企业的销售收入，其他符号的含义同上。

$$\left(\frac{I}{K}\right)_{it} = \alpha_0 + \alpha_1 MC_i + \alpha_2\left(\frac{S}{K}\right)_{it} + \alpha_3\left(\frac{S}{K}\right)_{it-1} + \alpha_4\left(\frac{CF}{K}\right)_{it} + \varepsilon_{it} \qquad (6.4)$$

需要说明的是，由于销售加速度模型是仅从企业现实的销售收入角度来识别投资机会和控制投资成本的，然而由于现实中的复杂性，这样做显然是不够的，这也在一定程度上限制了该模型的应用价值。

3. 托宾 Q 投资模型（Tobin's Q investment model）

托宾 Q 投资模型是现代公司财务研究中应用比较广泛的投资模型之一。托宾 Q 值是指企业市场公允价值与企业重置成本的比值，该指标代表企业的成长能力，能够一定程度上反映企业未来盈利能力和未来可能存在的投资机会。1999 年，哈亚西（Hayasi）基于托宾 Q 的定义和理论，在对 FHP 提出的"投资—现金流"模型进行修正的基础上，提出了著名的托宾 Q 投资模型。基于式（6.3），在同时考虑货币政策因素影响的"投资—现金流"模型的基础上，托宾 Q 投资模型可以写成式（6.5），其中，S 代表企业当年的营业收入，其他符号的含义同上。

$$\left(\frac{I}{K}\right)_{it} = \alpha_0 + \alpha_1 MC_i + \alpha_2 MC_{i-1} + \alpha_3 Q_{it} + \alpha_4 \left(\frac{CF}{K}\right)_{it} + \varepsilon_{it} \qquad (6.5)$$

当一个国家拥有成熟的资本市场，公司的托宾 Q 值就能够较好地反映这个国家的宏观经济发展水平对该企业微观投资行为的影响。当外部宏观经济转好，公司市值会增加，其对应的托宾 Q 值也会变大；经济发展速度变缓，公司市值降低，对应的托宾 Q 值也会减小。由此可见，当宏观经济存在较大不确定性时，托宾 Q 模型明显要好于销售加速模型。

需要指出的是，由于托宾 Q 值的计算要求外部资本市场具有良好的运行环境，这对西方欧美发达国家就是一个挑战。对于我国这样一个新兴发展中的市场化国家，尤其是考虑到我国资本市场还存在大量的非流通股和限售股等历史遗留问题，再加上我国中介市场还不成熟，各种估值方法还不完善，托宾 Q 模型在我国的应用也受到很大的制约。

4. 欧拉方程投资模型（Euler – equation investment model）

作为公司财务中极为重要的投资模型之一，欧拉方程是由经济学家邦德和梅吉尔（Bond and Meghir）于 1994 年基于欧拉方程的思想，在"投资—现金流"模型的基础上改进形成的。尽管理性经纪人假设告诉我们，上市公司经营的首要目标是追求短期利润最大化和长期企业价值最大化，然而短期目标和长期目标经常并不一致。现代经典财务理论告诉我们，上市公司的价值是由公司未来经营现金流的现金决定的。

假设 t 表示投资期，Kt 表示 t 期的资本成本，B 表示当前资本总额，rt 表示 t 期的无风险报酬，Vt 表示 t 期的企业价值，It 表示 t 期的投资要素。当上市公司债务融资风险（η_t）显著上升，即假设 $\eta_t = \eta(B_t)$，并且满足 $\partial\eta/\partial B > 0$ 时，说明此时上市公司资产负债率过高，需额外向外部债权人支付一定的融资费用。此时，上市公司债务的基本报酬率是 $(1 + r_t)[1 + \eta(B_t)]$。

假设上市公司的利润方程为：$Y_t = f(K_t, L_t, I_t)$，则上市公司的实际资本保有量由当期投资支出 I_t 和折旧率水平 δ 决定。假设上市公司 t 时期支付的股利为 D_t，则上市公司的价值可表示为式（6.6）：

$$V_t = E_t\left[\sum_{}^{\infty} \beta_{t+j}^t D_{t+j}\right] \tag{6.6}$$

其中 E_t 是预期算子，其他变量的含义同上。

$$D_{t+j} = Y_t + B_{t-1} - (1 - r_{t-1})[1 + \eta(B_{t-1})]B_{t-1} \tag{6.7}$$

式（6.7）是股利的决定形式，$K_t = (1+\delta)K_{t-1} + I_t$，将式（6.7）代入式（6.6），同时利用式（6.7）进行变量替换，通过消除掉利润方程中的投资进而构造拉式方程得到式（6.8）：

$$L = E_t\Big\{\sum_{j=0}^{\infty} \beta_{t+j}^t\big[(1 + \lambda_{t+j})(Y_{t+j}(K_{t+j}, L_{t+j}, K_{t+j} - (1 - \delta)K_{t+j-1}$$
$$+ B_{t+j} - (1 + r_{t+j-1})(1 + \eta(B_{t+j-1}))B_{t+j-1})\big]\Big\} \tag{6.8}$$

式（6.8）中，λ 为 $D_t > 0$ 是库恩塔克算子，根据现有文献可知，库克算法本质是企业使用内源性资金所需支付的影子价格。本书进一步利用拉式方程对式（6.8）求一阶偏导可得式（6.9），得出的方程便是"欧拉方程"。然后再对式（6.9）中负债总额求一阶偏导可得式（6.10）。

$$-(1-\delta)\beta_{t+j}^t E_t[(1 + \lambda_{t+1})(\partial Y/\partial I)_{t+1}] = -(1 - \lambda_t)(\partial Y/\partial I)_t - (1 + \lambda_t)(\partial Y/\partial K)_t \tag{6.9}$$

$$(1 + \lambda_t) = E_t \left[(1 + \lambda_t) \left(1 + \eta_t + \frac{\partial \eta_t}{\partial B_t} B_t \right) \right] \qquad (6.10)$$

由式（6.10）可知，上市公司外部负债的边际成本受到 λ_t 和 λ_{t+1} 之间的动态关系影响。如果为正的股利支付，那么说明公司预期收入水平可满足对股利支付的预期，这时库恩塔克算子近似为 0。此时式（6.9）可进一步简化为式（6.11）。

$$- (1 - \delta) \beta_{t+j}^t E_t \left[(1 + \lambda_{t+1}) (\partial Y / \partial I)_{t+1} \right] = - (\partial Y / \partial I)_t - (\partial Y / \partial K)_t$$

$$(6.11)$$

邦德和梅吉尔（1994）在式（6.11）的基础上，进一步提出两个假设：一是上市公司利润函数的企业规模不变；二是上市公司成本调整函数 $G(I_t, K_t)$ 严格满足齐次凸性。此时企业利润函数可进一步简化为式（6.12），其中 w_t 代表投入要素的价格，p_t^I 代表投资品的价格。

$$Y_t = p_t F(K_t, L_t) - p_t G(I_t, K_t) - w_t L_t - p_t^I I_t \qquad (6.12)$$

在上述假设下，企业净收益函数可简化为式（6.13）。

$$y_t = F(K_t, L_t) - G(I_t, K_t) \qquad (6.13)$$

再假设需求价格弹性为 ε。对式（6.13）中的 I_t 和 K_t 求导可得式（6.14）和式（6.15）。

$$\left(\frac{\partial Y_t}{\partial I} \right)_t = - \alpha p_t \left(\frac{\partial G}{\partial I} \right)_t - p_t^I \qquad (6.14)$$

$$\left(\frac{\partial Y_t}{\partial K} \right)_t = - \alpha p_t \left[\left(\frac{\partial F}{\partial K} \right)_t - \left(\frac{\partial G}{\partial K} \right)_t \right] \qquad (6.15)$$

其中，$\alpha = 1 - \left(\frac{1}{\varepsilon} \right)$。假设成本调整形式是 $G(I_t, K_t) = \frac{1}{2} b K_t \left[\left(\frac{I}{K} \right)_t - c \right]^2$。代入式（6.14）和式（6.15）中得：

$$\left(\frac{\partial Y_t}{\partial I} \right)_t = - b \alpha p_t \left(\frac{I}{K} \right)_t + bacp - p_t^I \qquad (6.16)$$

$$\left(\frac{\partial Y_t}{\partial K} \right)_t = - \alpha p_t \left(\frac{y}{K} \right)_t - \alpha p_t \left(\frac{\partial F}{\partial K} \frac{L}{K} \right)_t + bap \left(\frac{I}{K} \right)_t^2 - bcap \left(\frac{I}{K} \right)_t \quad (6.17)$$

再用 w/ap 替换要素边际产量 $\partial F / \partial L$，即可得到拓展后的欧拉方程模型，具体见式（6.18）。

$$\left(\frac{I}{K}\right)_{t+1} = c(1 - \phi_{t+1}) + (1 + c)\phi_{t+1}\left(\frac{I}{K}\right)_t - \phi_{t+1}\left(\frac{I}{K}\right)^2$$

$$+ \frac{\phi_{t+1}}{b(\varepsilon - 1)}\left(\frac{y}{K}\right)_t - \frac{\phi_{t+1}}{ba}\left(\frac{CF}{K}\right)_t + \frac{\phi_{t+1}}{ba}J_t \qquad (6.18)$$

实证研究中，欧拉方程投资模型通常被习惯性地写成式（6.19）的形式，式中各符号含义相同。

$$\left(\frac{I}{K}\right)_{i,t} = \beta_0 + \beta_1\left(\frac{I}{K}\right)_{i,t-1} + \beta_2\left(\frac{I}{K}\right)^2_{i,t-1} + \beta_3\left(\frac{Y}{K}\right)_{i,t-1} + \beta_4\left(\frac{CF}{K}\right)_{it} + \varepsilon_{it}$$

$$(6.19)$$

需要说明的是，实务中欧拉方程投资模型中关于投资的计算有多种方法，有的用总额，有的用新增加额；有的用资产负债表中的数据，也有用现金流量表中的数据，还有用净利润进行迭代计算。但是，基于权责发生制的资产负债表数据不符合欧拉方程投资模型中对现金流的定义，而基于利润表的迭代计算数据在会计确认和计算上存在一定的职业判断条件，存在较多的误差。因此，对于一般性正常生产经营的企业而言，来自收付实现制的现金流量表中的数据可能更为可取。

6.2.2　本书所用的模型

由前面分析可知，上述四种方法在识别投资机会和衡量投资边际收益率等方面存在较大差异，由于我国资本市场的不成熟，股票价格未能较好反映公司未来的预期收益和发展方向，衡量投资机会的托宾 Q 也难以准确计量。而销售加速度模型能够较为准确计算销售收入，但只能准确反映过去的投资机会。因此，罗长远和陈琳（2011）、刘胜强等（2015）都普遍认为，欧拉方程投资模型对我国资本市场更具有实用性。不仅如此，欧拉方程模型的最大特征是模型中不包含反映投资机会的托宾 Q，但包含滞后一期的投资及滞后一期投资的平方。基于本节主要研究货币政策与企业 R&D 投资的关系，因此，本书将在前人邦德和梅吉尔（1994）提出的欧拉方程投资模型基础上，建立如下模型：

$$RD_{i,t+1} = \beta_0 + \beta_1 RD_{i,t} + \beta_2 RD_{i,t}^2 + \beta_3 MP_t + \beta_4 CF_t + \beta_5 \times Control_{i,t} + \varepsilon_{i,t}$$

$$(6.20)$$

$$RD_{i,t+1} = \beta_0 + \beta_1 RD_{i,t} + \beta_2 RD_{i,t}^2 + \beta_3 MP_t + \beta_4 FC_{i,t}$$
$$+ \beta_5 MP_t \times FC_{i,t} + \beta_7 \times Control_{i,t} + \varepsilon_{i,t} \qquad (6.21)$$

模型（6.20）和模型（6.21）中，被解释变量 RD 表示企业实际 R&D 投资，解释变量 $RD_{i,t}$ 是滞后一期的 R&D 投资，$RD_{i,t}^2$ 是滞后一期 R&D 投资的平方。i 表示企业投资，t + 1、t 表示年份，β_0、$\beta_1 \cdots \beta_5$ 为相应的系数向量，Control 表示控制变量，$\varepsilon_{i,t}$ 是随机扰动项，其他变量的含义及计算如上。

1. 被解释变量：R&D 投资（RD）

衡量企业 R&D 支出的指标主要有两种，一种是绝对支出，另一种是相对支出，本书同时选择绝对支出和相对支出两个指标进行分析。绝对指标我们将采用 R&D 支出的自然对数（王玉春和郭媛嫣，2008；康艳玲等，2011）。相对支出主要有三种，分别是 R&D 支出/总资产（解维敏等，2011；刘胜强，2016）、R&D 支出/收入（或主营业务收入）（Keizer，2002；梁莱歆等，2010）、R&D 支出/企业市场价值。由于我国资本市场不成熟，企业市场价值难以准确确定，并且波动较大，因此较少文献选用 R&D 支出/企业价值来作为研究变量。此外，我国上市公司的收入，尤其是应计收入，大多被"盈余操控"，加之本书研究的时间窗口里 2008 年发生了全球性的经济危机，企业收入波动幅度较大，最终很可能导致选取 R&D 支出/收入指标会影响数据的准确性。同时考虑到模型中存在收入变量，为了避免可能存在的"机械性回归"而导致的虚假相关，因此本书参照陈和黄（Chen and Huang，2006）、刘运国和刘雯（2007）及刘胜强（2011）的做法，选择 R&D 支出/总资产作为相对指标。

2. 解释变量：货币政策（MP）

第一个解释变量是货币政策（MP）。关于货币政策度量，目前国内外主要有以下 4 种方法：（1）设置货币政策虚拟变量（Romer，1990；饶品贵和姜国华，2013）；（2）货币供应量及其增速（靳庆鲁等，2012；刘星等，2013；喻坤等，2014）；（3）货币政策感受指数（祝继高和陆正飞，2009；

饶品贵和姜国华，2013）；（4）多变量合成的综合值（Freedman，1994；张西征，2010）。设置虚拟变量只能定义货币政策的方向而不能体现货币政策松紧程度，而多变量合成的综合值计算较为复杂，因此本书借鉴祝继高和陆正飞（2009）所采用的货币政策感受指数（MP1）来定义货币政策宽松和紧缩的程度，以及借鉴靳庆鲁等（2012）采用的广义货币增长率来定义货币政策方向，同时参照刘星和计方（2013）的方法对样本年度的广义货币增长率 M2 排序，规定大于广义货币增长率 M2 平均增速的年份定义为宽松年，小于其则定义为紧缩年，因此 2009 年、2010 年、2012 年、2013 年为宽松年，2011 年、2014 年、2015 年、2016 年为紧缩年，最后对广义货币增长率 M2 所表示的货币政策（MP2）赋值，紧缩为 0，宽松为 1。

3. 解释变量：融资约束（FC）

第二个解释变量是融资约束（FC）。可以用单项指标法和综合指标法两类方法来度量融资约束。真实利润水平（Ap）、财务冗余（Fr）、资产负债率（Lev）、净资产收益率（Roe）等是目前主要使用的单项指标。单项指标法以某一项财务指标作为衡量公司融资约束程度的标准，其优点是所用指标与融资约束联系比较紧密，能够比较真实准确地反映某一方面的融资约束问题，数据比较容易获得且计算简便，可操作性强，但可能反映的问题比较片面。由于单项指标法存在的不足，综合考虑我们借鉴怀特蒂（Whited，2006）和刘胜强（2015）的做法，建立模型并计算综合融资约束指数指标（FC）。首先我们将样本按照地区和公司性质进行分组，具体分为东部地区、西部地方和国有企业、非国有企业。其次按利息保障倍数这一指标进行从小到大的顺利排序。正数排在前面的企业为高融资约束企业，而倒数排在后面的则为低融资约束企业。最后通过得到的样本建立二元 logit 回归模型，即模型（6.22）：

$$\ln\left(\frac{FC}{1-FC}\right) = \beta_0 + \beta_1 Ap + \beta_2 Fr + \beta_3 Lev + \beta_4 Roe + \beta_5 Qua + \varepsilon \quad (6.22)$$

模型建立后，求出不按地区和性质分组的不同公司的系数估计值，利用这些系数计算出公司综合融资约束指数（FC）。综合融资约束指数的含义

是，该指数越大，说明公司可能面临着更高的融资约束。企业融资约束的影响因素还有很多，其中现金流状况也是主要影响因素之一，本书借鉴卢馨等（2013）的做法，考虑金流状况（Cash）的影响，利用公式现金流（Cash）=（货币资金 + 交易性金融资产）/总资产，计算不同企业的现金流状况。我们可以知道，随着企业内部的现金流增多，企业整体资金相对充裕，需要外部融资的金额减少，因此其受到的融资约束也就大大降低。

4. 控制变量

除上述解释变量外，本书参考现有文献，同时根据企业 R&D 投资特点，选择如下控制变量：

（1）营业收入增长率（Net_rn）。计算营业收入增长率的方法是用本期营业收入减去上期营业收入后与上期营业收入求比值。营业收入增长率主要用来刻画企业的成长性，成长性是企业生存和发展的基础。一般来讲，成长性好的公司普遍表现为经营业务量大，现金流量充足，营业收入增长率高。如果一家公司的营业收入增长率持续保持较高水平，说明这家公司具备较强的成长性。企业只有不断增加 R&D 投资，才能生产出具有竞争力的产品，企业的营业收入才能持续稳定的增长。

（2）经营净现金流量（Cfo_a）。计算经营净现金流的方法是用经营活动产生的现金净流量除以期末和期初总资产的平均值。经营净现金流量反映企业的现金流状况。我国上市公司的日常经营活动和投资活动都严重依赖企业的现金流状况，这主要是由于我国资本市场还不健全，企业在资本市场上融资的难度大；而银行"嫌贫爱富""只会锦上添花、不会雪中送炭"的特性，造成需要借钱的企业并不容易借到钱。尤其是在企业 R&D 投资活动中，由于其具有投资周期长、风险高等特点，银行更不愿意借钱给企业从事 R&D 投资，企业 R&D 投资更加依赖于企业自身的自由现金流状况。然而，当企业自由现金流充足时，那些有着"帝国建造"想法和想获得"控制权私有收益"的高管们一定会想办法进行更多的投资，即使该项目的未来现金流为负，由此必然导致过度投资（Jensen，1956）。

（3）资产负债率（Lev）。资产负债率的计算等于期末负债总额除以资产总额。资产负债率可以用来度量企业的负债情况，反映企业总体偿债能力。由于我国资本市场不完善，企业外部投资者和内部管理人之间存在严重的信息不对称。因此，债权人在企业贷款时会附加一些限制性条款，例如规定资金用途、提前收回借款等，以此来保护自己的利益，这就使得企业外部融资成本要远高于内部融资成本。此外市场竞争激烈，加上企业 R&D 投资关系到企业的发展战略，一些企业不愿意对外公布其相关信息，因此，很少有企业能用负债从事 R&D 投资。刘胜强和刘星（2010）的研究也发现，无论是高成长性企业还是低成长性企业，负债与企业 R&D 投资都负相关。

（4）企业规模（Size）。企业规模的计算等于期末总资产取自然对数。公司规模是影响企业 R&D 投资和创新的重要因素（熊彼特，1941）。与小企业相比，大企业更为迫切地希望从事 R&D 投资和技术创新，为企业创新提供更好的条件。此外，公司规模的扩大可以有效降低信息不对称，增强企业的抗风险能力。但是，当公司规模过大，企业管理链变长，企业决策行为会变得更稳健，反而不愿意把钱投资于到风险更高的 R&D 投资上。由此可见，公司规模影响着企业 R&D 投资。

（5）托宾 Q（Tq）。托宾 Q 值的计算等于公司市场价值与重置成本的比值。托宾 Q 的具体计算见表 6 - 1，在财务中，托宾 Q 这一指标经常被用于衡量企业价值。当托宾 Q 值大于 1 时，说明市场价值高于重置成本，当企业重新购置厂房、设备等资产所花的钱低于市场价值时，此时企业可发行少量的股票来购买更好的投资品，即投资机会增加；反之，当托宾 Q 值小于 1 时，说明企业市场价值低于资产重置成本。可见，托宾 Q 是影响企业 R&D 投资的又一重要因素。

表 6 - 1   变量定义与计算说明

变量类型	变量名称	变量符号	变量说明
被解释变量	企业 R&D 投资（RD）	lnRD	企业 R&D 支出的自然对数
		RD_a	R&D 支出/（平均总资产 ÷ 100）

变量类型	变量名称	变量符号	变量说明
解释变量	货币政策（MP）	MP1	货币政策感受指数为判断货币政策"适度"的银行家占比数
		MP2	广义货币供给量 M2 增长率，货币政策宽松时期为 1，紧缩时期为 0
	融资约束	FC	综合融资约束，具体见式（6.22）
控制变量	营业收入增长率	Net_rn	（本期营业收入 - 上期营业收入）/上期营业收入
	经营现金净流量	Cfo_a	经营活动产生的现金净流量/平均总资产
	资产负债率	Lev	年末负债总额/年末资产总额
	企业规模	Size	年末资产总额的自然对数
	托宾 Q	Tq	公司市场价格/公司重置成本 =（年末流通市值 + 非流通股份占净资产的金额 + 长期负债合计 + 短期负债合计）/年末总资产
	资产收益率	Roa	营业利润/年末资产总额
	市场化指数	Zshu	来自樊刚等（2018），即《中国市场化指数——各地区市场化相对进程 2018 年报告》
	产权性质	State	国有企业为 1，民营企业为 0
	股权结构	Cr5	前五大股东持股比例之和

（6）资产收益率（Roa）。资产收益率的计算等于营业利润与期末总资产的比值。考虑到净利润容易受企业非日常事项的影响，净资产容易受负债的影响，因此本书选择营业利润除以期末总资产来度量资产收益率。企业资产收益率越大，说明企业具有较好的盈利能力，企业在生产经营活动中能够产生较多的现金流，因此企业的偿债能力和外部融资能力也会随之加强，这就在某种程度上确保了企业 R&D 投资（即创新活动）不会因为资金匮乏而被中途搁置。

（7）市场化指数（Zshu）。我国市场经济的最大特点是政府手中掌握和控制着大量的资源。市场经济改革的目标是转变政府职能，改变政府与市场的关系，减少政府干预，使市场这只无形之手真正起作用。本书采用樊刚等著的《中国市场化指数——各地区市场化相对进程 2018 年报告》一书编制中编制的中国各地区的市场化指数，这个市场化指数主要包括：政府与市场的关系、非国有经济的发展、产品市场的发育程度、要素市场的发育程度、市场中介组织发育和法律制度环境。其中，①政府与市场关系主要内容包括市场资源分配、政府对企业的干预、减少企业税负等；②非国有经济的发展主要内容包括非国有经济的销售收入在工业企业中所占比重、固定资产在全社会固定资产总投资中所占比重以及就业人数在城镇总就业人数的比例等；③产品市场的发育程度主要内容包括市场决定价格的程度以及地区贸易壁垒的大小；④要素市场的发育程度主要内容包括金融业的市场化程度、引进外资的程度和技术成果转化程度等；⑤市场中介组织发育和法律制度环境的主要内容包括市场中介组织的发育、对生产者合法权益的保护、知识产权的保护、消费者权益保护等。

（8）产权性质（State）。根据最终控制人类别不同分为国有和非国有，国有定义为 1，非国有定义为 0。我国大多数上市公司是有国有企业改制而来，一方面，国有控股是我国上市公司的一个重要特征，而国有控股上市公司一方面作为企业，必然会参与市场竞争，尽可能获取更多的利润；另一方面，国有企业带有浓厚的行政色彩，还肩负着提供更多就业机会、保障社会安全等公共利益。此外，国有控股上市公司的国有性质使其更容易从国有商业银行借款，公司高管更多是行政任命而不是能力至上。国有企业存在的较为复杂的委托代理关系，监督中的所有权缺位等，都会导致其与民营企业存在较大的差异。

（9）股权结构（Cr5）。本书采用前五大股东持股比例之和衡量企业股权集中度。股权结构是指股份制公司中的股东构成情况以及不同性质的股份占比及其关系。一般来讲，股权结构包括股权集中度和股权构成两个方面。股权结构决定了企业的组织结构，最终会影响企业经营决策和企业绩效。在影响企业做出重大决策中，股东的股权份额是关键因素。一般来说，股权越集中，其操控能力越强，越能影响企业做出的最终决策。

6.3　数据来源与样本选择性偏误

6.3.1　数据来源

考虑到我国 2007 年对会计准则进行了系统的重大调整，其中与本书研究 R&D 支出数据相关的《无形资产》准则由全额资本化调整为部分资本化（研究阶段全额资本化，开发阶段只有在满足"五个条件"时才资本化）。在对外披露的财务报告中，要求资产负债表中增设"研发支出"科目，并同时要求在现金流量表附注中的"支付的其他与经营活动有关的现金流量"科目中增加对研发支出的披露信息。然而，我们在仔细查阅上市公司年报时发现，尽管财政部会计师要求企业从 2007 年 1 月 1 日开始实行新的无形资产准则，然而到 2018 年底，上市公司年报中也仅华宇软件、东风股份、万润科技、环旭电子等少数 15 家公司按照财政部和证监会的要求，在资产负债表中增设的"研发支出"项目或者在现金流量表报表附注中的"支付的其他与经营活动有关的现金流量"项目中披露了研发支出数据。因此，本书选择的样本窗口是 2009～2018 年样本。为了避免在研究中产生内生性问题，我们将被解释变量滞后一期，最终被解释变量的样本窗口是 2010～2018 年，解释变量的样本窗口是 2009～2017 年。本书关于样本的选择按照如下原则：（1）由于金融类公司在财务状况、组织运行等多方面与一般性公司存在较大差异，因此在研究中剔除金融类上市公司；（2）由于欧拉方程投资模型中解释变量包括了 R&D 支出的滞后一期项，因此我们需要剔除连续两年及以上未披露 R&D 支出的公司；（3）剔除所有者权益为负的公司；（4）剔除研究数据存在缺陷的公司。因此，本书利用 Stata 13.0 软件对主要变量数据进 Winsorize 处理以消除极端值造成的影响。本书用到的宏观货币数据主要来源于 EPS 全球统计数据库（http：//olap. epsnet. com. cn/），同时对部分数据到中国人民银行网站和中国国家统计局网站进行了校验。研究中所用到的微观财务数据主要来源于 CCER 经济金融数据库（http：//

new. ccerdata. cn/）。经过一系列样本筛选，最终得到公司有效样本 15991个，样本的分布状况如表 6 - 2 所示。

表 6 - 2 　　　　　　　　　　样本分布状况 　　　　　　　单位：个

行业	国有	非国有	东部	中部	西部	合计
农、林、牧、渔和采掘业（A + B）	234	340	257	165	152	574
食品、饮料（C0）	63	36	50	26	23	99
纺织、服装、皮毛（C1）	743	326	751	161	157	1069
木材家具及其他制造业（C2 + C9）	2026	842	1795	580	493	2868
造纸、印刷（C3）	4185	1733	4294	970	654	5918
石油、化学和橡胶、塑料（C4 + C5）	652	250	656	170	76	902
金属及非金属、机械、设备及仪表（C6 + C7）	650	416	692	221	153	1066
通信、电（C8）	148	77	128	40	57	225
水电气生产和供应业、交通运输及仓储业、邮电通信（D + F + G）	493	523	732	178	106	1016
房地产业、建筑业（E + J）	242	186	347	48	33	428
批发和零售贸易（H）	19	33	49	2	1	52
信息传播、软件和信息技术行业（I）	818	170	847	72	69	988
社会服务业、信息与文化产业和综合等其他（K + L + M + N + O + P + Q + R + S）	492	294	620	94	72	786
合计	10765	5226	11218	2727	2046	15991

6.3.2　样本选择性偏误

表 6 - 3 给出了本书使用样本占非金融类上市公司的比例，由前面样本数据可知，并不是每一家上市公司都披露 R&D 支出数据。实际上，R&D 支出数据是决定样本是否能使用的关键因素。从表 6 - 3 可以看出，上市公司披露 R&D 支出的公司数量逐年在增加，至 2016 年，已经有超过 80% 的公司披露了 R&D 支出数据。但是即使如此，由于上市公司 R&D 支出并非会计

准则强制性披露信息，我们无法收集到所有样本数据。有的公司虽然进行了 R&D 投资，甚至是巨额的 R&D 投资，但是出于多种原因，如技术保密等，而选择不对外披露。由于无法确定到底是什么原因，这就有可能导致存在样本选择性偏误问题，并影响最终的实证结果。因此，本书参考霍尔和奥里安（Hall and Orian，2006）、刘胜强（2011）的方法，选择用 Probit 回归的方法检验样本选择中可能存在的偏误。具体方法如下：将公司是否披露 R&D 信息（RDdum）作为解释变量，若公司披露研发投资信息则取值为 1，没有披露则取值为 0。以企业 R&D 投资的自然对数（lnRD）、负债结构（Lev）、公司规模（Size）、行业（HY）为解释变量，回归模型见式（6.23）。

$$RD_{dum} = \alpha_0 + \alpha_1 lnRD + \alpha_2 Lev + \alpha_3 Size + \alpha_4 HY + \varepsilon \qquad (6.23)$$

表 6 – 3　　　　　　　　　　　　　样本使用率

项目	2009 年	2010 年	2011 年	2012 年	2013 年	2014 年	2015 年	2016 年	2017 年	2018 年
本课题用到的公司数（家）	310	1209	1473	1867	1946	1988	2038	2502	2876	3012
所有非金融上市公司数（家）	1722	2072	2301	2429	2474	2590	2778	3063	3435	3509
百分比（%）	18.00	58.35	64.02	76.86	78.66	76.76	73.36	81.68	83.73	85.84

注：2018 年只用了 2017 年同时披露的 2876 家公司样本。

本书随机选取 2012 年和 2016 年的样本进行检验，2012 年样本的使用率为 18%，2016 年的样本使用率为 81.68%。我们利用式（6.23）对这两年的数据进行样本选择性偏误检验，检验结果见表 6 – 4。表 6 – 4 的检验结果显示，研发投资强度（lnRD）系数估计值在 1% 的水平下显著为正，说明上市公司研发投入越多，越愿意主动披露研发投入信息；资产负债率在 5% 的水平下显著为负，说明负债率越高，企业越不太愿意披露研发信息；企业规模（Size）和行业在 1% 的水平下显著为正，说明规模大的企业更愿意主动披露研发投入信息，不同行业是否愿意披露研发投入信息也存在较大差异。上市实证结果基本与事实相符，说明基本可以代表整体信息，样本不存在选择性偏误。

表 6 - 4　　　　　　　　　　样本选择偏误检验结果

2013 年			2016 年		
变量	系数	P 值	变量	系数	P 值
C	- 4. 123 ***	0. 000	C	- 3. 763 ***	0. 000
lnRD	0. 417 ***	0. 006	lnRD	0. 502 ***	0. 009
Lev	- 1. 013 **	0. 016	Lev	- 1. 117 **	0. 024
Size	0. 421 ***	0. 003	Size	0. 408 ***	0. 003
HY	0. 356 **	0. 022	HY	0. 468 **	0. 021

注：*** 表示在 1% 的水平上显著，** 表示在 5% 的水平上显著。

6.4　实证结果分析

6.4.1　描述性统计

描述性统计结果如表 6 - 5 所示。从表 6 - 5 可以看出，R&D 支出自然对数（lnRD）的均值为 17. 437，标准差为 1. 496，最大值为 21. 369，最小值为 13. 049。从整体上看，R&D 投资的绝对支出较高，说明企业在 R&D 活动上投入了大量资金，我国企业总体研发投入意识在不断增强。R&D 支出与平均总资产的比值（RD_a）的均值为 2. 03，说明我国企业 R&D 已基本达到国际上的 2% 标准，但 R&D 支出与平均总资产的比值（RD_a）的标准差为 1. 759，最大值为 9. 537，最小值为 0. 012，说明不同企业之间 R&D 投资强度差异较大。由于企业规模、性质等不同，R&D 投资在企业总资产中占比存在差异是合理的，但平均来看样本企业 R&D 投资相对支出的占比总体较低，因此企业应该合理配置资源，进一步加大 R&D 投入强度。货币政策感受指数（MP1）标准差为 0. 038，均值为 0. 131，最大值为 0. 284，最小值为 0.082，表明银行家们普遍认为货币政策较为适度。广义货币供给量增长率（MP2）标准差为 0.407，均值为 0.209，符合统计学意义。融资约束的均值为 0.396，标准差为 0.285，最大值为 0.978，最小值为 0.009，表明不同企业融资约束存在较大差异，样本选择较为分散。经营现金净流量的标准差为 0.07，均值为 0.042，意味着企业在经营中偏向于保持稳定的现金流。营业收入增长率标准差为 52.588，均值为 7.387，最大值与最小值之间差距较大，表明企业营业收入增长率差异显著，且整体偏低。资产负债率平均为 39.6%，说明大多数企业保持了较为合理的资产负债率。企业规模和托宾 Q 值也呈现较大的标准差，由于选取的样本多样，涵盖类型广，因此样本间表现出较大差异。市场化指数标准差为 1.713，均值为 7.82，最大值为 10，最小值为 2.92，说明样本企业整体市场化程度较高。产权性质标准差为 0.468，均值为 0.677，说明国有企业仍然是 R&D 投资和技术创新的主力。

表 6 - 5　　　　　　　　　　描述性统计

变量	Obs	Mean	Std. Dev.	Min	Max
LnRD	15991	17.437	1.496	13.049	21.369
RD_a	15991	2.030	1.759	0.012	9.537
MP1	15991	0.131	0.038	0.082	0.284
MP2	15991	0.209	0.407	0.000	1.000
FC	15991	0.396	0.285	0.009	0.978
Net_rn	15991	7.387	52.588	-97.000	244.496
Cfo_a	15991	0.042	0.070	-0.163	0.238
Lev	15991	0.396	0.208	0.044	0.889
Size	15991	21.875	1.233	19.671	25.745
Tq	15991	2.171	1.315	0.911	8.319
Roa	15991	23.743	45.983	-23.665	314.119
Zshu	15991	7.820	1.713	2.920	10.000
State	15991	0.677	0.468	0.000	1.000
Cr5	15991	0.536	0.164	0.007	0.878

6.4.2　相关性分析

为了检验自变量之间是否存在多重共线性的问题，我们对变量进行了相关性分析。从表 6 - 6 中可以看出，大多数变量间的相关系数都是显著的，说明本书选取的变量是有效的，同时也说明有必要对营业收入增长率、经营现金净流量、资产负债率等控制变量进行控制。具体来看，R&D 支出自然对数（lnRD）与货币政策感受指数（MP1）的系数为 0. 222，而与广义货币增长率（MP2）的系数为 0. 157，且均在 1% 的水平上显著；研发投资的另一指标 R&D 支出与平均总资产比值（RD_a）与货币感受指数（MP1）系数为 0. 049，与广义货币增长率（MP2）的系数为 0. 04，也都在 1% 的水平上显著，说明货币政策的两个衡量指标都与研发投资呈正相关。初步支撑了假设 1。融资约束（FC）与 R&D 支出自然对数（lnRD）、R&D 支出与平均总资产比值（RD_a）的系数分别为 −0. 028 和 −0. 216，且在 1% 的水平上显著，说明货币政策越宽松，融资约束越低，基本也符合预期。此外，从整体上看，几乎所有的相关系数都小于 0. 6，说明模型不存在显著的共线性问题。

6.4.3　实证方法选择

使用面板数据时，首先要进行实证分析方法选择。表 6 - 7 结果所示，首先看 R&D 投资绝对模型：F 检验值为 5. 37，在 1% 的水平下显著，说明固定效应模型优于混合效应模型；LM 检验的卡方值为 4182. 44，并且在 1% 的水平下显著，说明随机效应模型优于混合效应模型；Hausman 检验的卡方值为 272. 38，也在 1% 的水平下显著，说明固定效应模型优于随机效应模型。再看 R&D 投资相对模型：F 检验值为 4. 93，并在 1% 的水平下显著，说明固定效应模型优于混合效应模型；LM 检验的卡方值为 3796. 75，并且在 1% 的水平下显著，说明随机效应模型优于混合效应模型；Hausman 检验的卡方值为 216. 85，也在 10% 的水平下显著，说明固定效应模型优于随机效应模型。因此，本书在后续的分析中将选择固定效应模型来进行实证分析。表 6 -7 还显示，绝对模型中，瓦尔德（Wald，2001）检验的卡方值为

相关性分析

表 6 - 6

变量	lnRD	RD_a	MP1	MP2	FC	Net_rm	Cfo_a	Lev	Size	Tq	Roa	Zshu	State	Cr5
lnRD	1													
RD_a	0.431***	1												
MP1	0.222***	0.049***	1											
MP2	0.157***	0.040***	0.580***	1										
FC	-0.028***	-0.216***	-0.076***	-0.058***	1									
Net_rm	0.121***	-0.045***	0.094***	0.082***	-0.138***	1								
Cfo_a	0.119***	0.076***	0.008	0.016**	-0.146***	-0.014*	1							
Lev	0.131***	-0.200***	0.032*	0.015*	0.793***	0.151***	-0.131***	1						
Size	0.517***	-0.211***	0.199***	0.136***	-0.362***	0.221***	0.070***	0.524***	1					
Tq	-0.101***	0.109***	0.018*	0.061***	-0.119***	0.055***	0.015*	-0.139***	-0.237***	1				
Roa	0.020**	0.006	0.044***	-0.002	-0.046***	0.346***	-0.007	-0.005	0.020**	-0.052***	1			
Zshu	0.199***	0.167***	-0.296***	-0.243***	-0.047***	-0.011	0.042***	-0.117***	-0.023**	0.049***	0.038***	1		
State	-0.086***	0.145***	0.051***	0.052***	-0.094***	-0.055***	-0.013*	-0.367***	-0.395***	0.046***	0.116***	0.247***	1	
Cr5	0.026**	-0.012	-0.118***	-0.073***	0.183***	-0.101***	0.096***	-0.124***	0.029***	-0.115***	0.097***	0.042***	0.043***	1

注：*** 表示在 1% 的水平下显著，** 表示在 5% 的水平下显著，* 表示在 10% 的水平下显著。

8.0e + 36，在 1% 的水平下显著，说明存在较高的异方差；伍德里奇（Wooldridge，2002）检验值为 8.906，在 1% 的水平下显著，说明还存在较为严重的自相关问题；佩萨兰（Pesaran，2004）检验值等于 38.837，在 1% 的水平下显著，说明还存在严重的截面相关。在相对模型中，瓦尔德（2001）检验、伍德里奇（2002）检验以及佩萨兰（2004）检验的结果也得出了同样的结论。因此，本书在随后的分析中，将选择丹尼尔·霍奇勒（Daniel Hoechle，2007）提出的同时考虑异方差、截面相关和序列相关情况下稳健的固定效应检验方法进行检验。

表 6-7   模型选择、异方差及截面相关检验结果

		绝对模型	相对模型
模型选择	F 检验	5.37 ***	4.93 ***
	LM 检验	$chibar^2$ (1) = 4182.44 ***	$chibar^2$ (1) = 3796.75 ***
	Hausman 检验	chi^2 (14) = 272.38 ***	chi^2 (14) = 216.85 ***
异方差检验	Wald (2001)	chi^2 (2602) = 8.0e + 36 ***	chi^2 = 1.9e + 37 ***
序列相关检验	Wooldridge (2002)	F (1, 1956) = 8.906 ***	F (1, 1956) = 4.824 ***
截面相关检验	Pesaran (2004)	38.837 ***	45.375 ***

注：*** 表示在 1% 的水平下显著，** 表示在 5% 的水平下显著。

6.4.4 货币政策影响企业 R&D 投资的实证研究

1. 全样本回归结果

表 6-8 列示了全样本回归结果，从表 6-8 中可以看出，首先，RD 的所有系数估计值都显著为正，这与欧拉理论方程预测的结果基本一致，这在一定程度上说明我国企业 R&D 活动已经开始具有一定的连续性，企业 R&D 投资意识得到了较大提高。而相对模型中 RD^2 的系数估计值，在 10% 的水平下显著为负值（绝对模型中尽管为正但不显著），这说明我国市场经济体制还不是很完善，企业之间研发投资竞争还不充分，市场对研发投资的"无形之手"作用还有待进一步挖掘（欧拉方程投资理论认为：RD^2 显著为

负，并且显著性水平越高，市场经济越完善）。其次，反映货币政策的 MP1
和 MP2 的系数估计值除栏位（4）为负但不显著外，其他系数估计值都显著
为正，这说明，宽松的货币政策能在一定程度上促进企业进行 R&D 投资。
假设 1 得到了较好的验证。

表 6 - 8 全样本回归结果

变量	R&D 绝对模型		R&D 相对模型	
	（1）	（2）	（3）	（4）
RD	0.202 **	0.199 *	0.459 ***	0.465 ***
RD^2	0.005	0.006	- 0.004 *	- 0.003 *
MP1	1.070 ***		1.288 **	
MP2		0.111 *		- 0.002
Net_rn	0.000	0.001 *	0.001 ***	0.001 ***
Cfo_a	0.318 ***	0.365 ***	0.422 *	- 0.430
Lev	- 0.213 *	- 0.21	- 0.547 ***	- 0.561 ***
Size	0.384 ***	0.387 ***	0.080	0.111 **
Tq	0.029 **	0.026 **	- 0.053	- 0.056 **
Roa	0.001 ***	0.001 ***	0.002	- 0.001
Zshu	0.030 **	0.017 *	- 0.094	- 0.067
State	0.072 ***	0.065 ***	- 0.32	- 0.316
Cr5	0.087	0.058	0.250 **	0.156
_cons	3.653 ***	3.581 **	0.768	- 0.272
N	15991	15991	15991	15991
r2_w	0.471	0.473	0.086	0.086
F	90.296	97.073	48.95	446.191

注：* 表示 $p < 0.1$；** 表示 $p < 0.05$；*** 表示 $p < 0.01$。

　　表 6 - 8 中的其他控制变量回归结果显示：反映营业收入增长率的 Net_
rn 的系数估计值除栏位（1）不显著外，其他都显著为正，营业收入增长率
越高企业成长性越好，企业更愿意进行 R&D 投资，这与通常的预期相一致。
反映经营活动现金净流量的 Cfo_a 的系数估计值除栏位（4）不显著外，其

他都在 10% 的水平下显著为正，经营净现金流量越充足的企业更愿意进行企业 R&D 投资。反映资产负债率的 Lev 的系数估计值除栏位（2）不显著外，都显著为负，这说明，资产负债率越高，企业越不愿意从事 R&D 投资，企业经营越来越理性。反映企业规模的 Size 的系数估计值除栏位（3）不显著外都在 5% 的水平下显著为正，企业规模越大，越愿意进行 R&D 投资。反映投资机会的 Tq 的系数估计值有正有负，说明投资机会越多，企业并不一定就会增加 R&D 投资，这可能与投资机会的类型有关，有的投资机会只是赚"快钱"，有的则会影响企业的长期发展战略。只有后者才可能影响企业 R&D 投资，这一问题还需要进一步探讨。相对模型中反映资产收益率的 Roa 的系数估计值在 1% 的水平下显著为正，绝对模型中不显著，企业资产收益率越高、企业的盈利能力越强，越能为企业 R&D 投资提供资金保证。绝对模型中反映市场化指数 Zshu 的系数估计值在 10% 的水平下显著为正，相对模型中虽然为负值但不显著，说明市场化程度越高，企业进行 R&D 投资的意愿越强，这说明开放市场有利于企业技术创新。绝对模型中反映产权性质的 State 的系数估计值在 1% 的水平上显著为正，在相对模型中虽为负值但不显著，这说明当前我国国有企业仍然是 R&D 投资的主力，相比于民营企业，国有企业更容易从银行等金融机构筹集到 R&D 投资所需要的资金，同时国有企业也背负着国家提升技术创新的政治使命，国有企业为了保持自身的竞争力，也不得不加大 R&D 投资。反映股权结构的 Cr5 的系数估计值仅栏位（3）中在 5% 的水平下显著为正（其他都不显著），说明股权集中度与 R&D 投资有一定的正向关系。

2. 分组样本分析

宏观货币政策影响企业 R&D 投资过程中会受到其他因素的影响，如宏观经济因素、行业等因素。在此，本书从经济新常态前后、市场化程度、企业行业、银企关系和所在地区的角度出发，进一步进行分组检验。

（1）经济新常态前后（2012 年前后）。

考虑到我国经济从 2013 年开始进入"新常态"，我们首先将样本分为 2012 年及以前和 2012 以后进行回归分析，表 6 - 9 报告了经济新常态前后

的货币政策对企业 R&D 投资的影响。如表 6 – 9 所示，尽管反映货币政策的 MP2 不显著，但 MP1 都显著为正，进一步支持表 6 – 9 的研究结论。另外，对比 2012 年及以前与 2012 年以后的回归结果可以看出，无论是绝对模型还是相对模型，前者 MP1 的系数估计值均大于后者，货币政策对企业 R&D 投资的影响在 2013 年以后变得越来越小。这可能是因为，2013 年以后，我国经济进入"新常态"，GDP 增速减缓，经济正从高速增长转向中高速增长，宽松的货币政策对企业 R&D 投资的刺激作用正在减弱。

表 6 – 9　　　　　　　　　　　经济新常态前后分组样本回归结果

变量	2012 年及以前				2012 年以后			
	R&D 绝对模型		R&D 相对模型		R&D 绝对模型		R&D 相对模型	
	（1）	（2）	（3）	（4）	（5）	（6）	（7）	（8）
RD	0.162	0.176 **	0.217 *	0.233 **	0.151 *	0.144	0.229 **	0.228 **
RD^2	0.009	0.013	– 0.006	– 0.006 *	0.002	0.001	– 0.001 **	– 0.002 **
MP1	2.448 ***		1.563 *		1.141 *		1.318 **	
MP2		0.136		– 0.079		0.005		0.003
Net_rn	0.000	0.000	0.001 **	0.001 **	0.000 ***	0.000 ***	0.001 ***	0.001 **
Cfo_a	0.087	0.275 ***	– 0.233	– 0.127	0.233 ***	0.243 ***	– 0.116	– 0.126 *
Lev	– 0.366 ***	– 0.463 ***	– 0.442	– 0.391	– 0.482 ***	– 0.487 ***	– 0.385 ***	– 0.378 ***
Size	0.315 ***	0.436 ***	0.310 *	0.417 ***	0.455 ***	0.463 ***	0.070 **	0.058 *
Tq	– 0.085	– 0.051	0.164 ***	0.143 ***	0.045 ***	0.043 ***	0.064 ***	0.061 ***
Roa	0.000	0.000	0.002 ***	0.002 ***	0.000	0.000	– 0.000 *	0.000
Zshu	– 0.085 ***	0.064	0.067	0.161 *	0.064 ***	0.067 ***	– 0.001	– 0.004
State	0.113	0.115	1.504 **	1.503 **	0.051 **	0.052 **	0.083 **	0.082 **
Cr5	– 0.299	– 0.798 **	1.535 ***	1.846 ***	– 0.116	– 0.154	0.14	0.185
_cons	10.066 ***	6.637 ***	– 2.552	– 5.732 *	4.084 **	3.802 **	0.034	0.461
N	4859	4859	4859	4859	11350	11350	11350	11350
r2_w	0.239	0.243	0.035	0.035	0.324	0.323	0.054	0.054
F	34.228	10.332	6.849	16.441	5.011	68.269	7.165	9.991

注：* 表示 p < 0.1；** 表示 p < 0.05；*** 表示 p < 0.01。

（2）区分市场化程度。

根据樊纲等（2018）编制的市场化指数的中位数，本书进一步将样本分为高市场化和低市场化两组，结果见表 6 - 10。如表 6 - 10 所示，栏位（1）中的 MP1 的系数估计值为正，并且显著低于栏位（5）中的 MP1 的系数估计值（绝对模型），栏位（2）中的 MP2 的系数估计值为正也显著低于栏位（6）中的 MP2 的系数估计值（相对模型），即无论是绝对模型还是相对模型，反映货币政策的 MP1 和 MP2 的系数估计值都显著为正，但低市场化指数组都低于高市场化指数组。说明市场化程度越高，货币政策对企业 R&D 投资的刺激作越明显，这可能是由于市场化程度越高，市场活跃度越高，货币政策的传导渠道越畅通，货币政策的作用效果就越明显。

表 6 - 10   按市场化程度分组回归结果

变量	低市场化指数				高市场化指数			
	R&D 绝对模型		R&D 相对模型		R&D 绝对模型		R&D 相对模型	
	(1)	(2)	(3)	(4)	(5)	(6)	(7)	(8)
RD	0.04 *	0.031	0.400 ***	0.407 ***	0.261 **	0.266 ***	0.347 ***	0.353 ***
RD^2	0.010	0.011	-0.004 *	-0.004 *	0.002	0.001	-0.003	-0.003
MP1	1.522 ***		0.959		2.147 ***		0.384	
MP2		0.114 *		-0.018		0.161 ***		0.122 *
Net_rn	0.000	0.000	0.002 ***	0.002 ***	0.000 **	0.000 **	0.001 ***	0.001 ***
Cfo_a	0.567 ***	0.604 ***	-0.054	-0.063	0.056	0.146	-0.785 ***	-0.820 ***
Lev	-0.226	-0.218	-0.223	-0.235	-0.291 ***	-0.275 ***	-0.675 ***	-0.692 ***
Size	0.413 ***	0.410 ***	0.024	0.06	0.420 ***	0.436 ***	0.028	0.073
Tq	0.030	0.026	-0.034 **	-0.034 *	0.038 ***	0.033 ***	-0.095 ***	-0.088 ***
Roa	0.001 ***	0.002 ***	-0.001	-0.001	0.000 **	0	-0.001 *	-0.001 *
State	0.203 ***	0.188 ***	0.198 ***	0.204 ***	-0.158 ***	-0.165 ***	-1.3	-1.280 *
Cr5	0.067	0.031	0.038	-0.059	0.057	-0.011	0.610 ***	0.508 ***
_cons	4.776 ***	4.719 ***	1.067	0.204	3.729 ***	3.014 **	2.227	1.197
N	7996	7996	7996	7996	7995	7995	7995	7995
r2_w	0.394	0.399	0.076	0.075	0.466	0.465	0.066	0.067
F	227.73	83.104	126.145	44.915	479.831	1.00E+04	416.096	664.579

注：* 表示 p<0.1；** 表示 p<0.05；*** 表示 p<0.01。

（3）区分制造业企业。

考虑到制造业和非制造业的很多财务决策行为存在较大差异，本书进一步将样本分为制造业组和非制造业组。划分方法是依据证监会《上市公司行业分类指引》（2012 年修订版），依据行业分类首个字母是否是 "C" 来进行。如表 6 - 11 所示，MP1 的系数估计值都显著为正，并且栏位（1）大于栏位（5），栏位（3）大于栏位（7），这说明制造业的 R&D 投资受货币政策的冲击和影响更大。制造业是企业创新的主力军，是资本密集型产业，同时制造业也是我国市场化程度比较高的行业之一，制造业也更容易受到货币政策等外部因素的影响和冲击。

表 6 - 11　　　　　　　是否是制造业分组回归结果

变量	制造业				非制造业			
	R&D 绝对模型		R&D 相对模型		R&D 绝对模型		R&D 相对模型	
	(1)	(2)	(3)	(4)	(5)	(6)	(7)	(8)
RD	0. 105	0. 104	0. 430 ***	0. 439 ***	0. 193	0. 17 *	0. 504 ***	0. 508 ***
RD²	0. 007	0. 008	- 0. 004 *	- 0. 005 *	- 0. 008 ***	- 0. 009 ***	- 0. 004	- 0. 003
MP1	1. 291 **		1. 539 *		0. 770 **		1. 275 *	
MP2		- 0. 177		0. 219		0. 135 *		0. 084
Net_rn	0. 000 *	0. 000 *	0. 001 **	0. 001 **	0. 000	0. 000	0. 001	0. 001
Cfo_a	0. 369 ***	0. 428 ***	- 0. 25	- 0. 263 *	0. 135	0. 159	- 0. 531 ***	- 0. 537 ***
Lev	- 0. 100	- 0. 099	- 0. 224 **	- 0. 248 ***	- 0. 503 ***	- 0. 501 ***	- 1. 187 **	- 1. 190 **
Size	0. 415 ***	0. 420 ***	0. 047	0. 091 **	0. 345 ***	0. 342 ***	0. 108	0. 124
Tq	0. 033 **	0. 029 **	- 0. 026 **	- 0. 029 **	0. 024	0. 023 *	- 0. 130 ***	- 0. 133 ***
Roa	0. 000 **	0. 000 *	0. 000	0. 000	0. 002 ***	0. 001 ***	- 0. 001	- 0. 002 *
Zshu	0. 037 **	0. 031	- 0. 094 **	- 0. 055 ***	0. 003	- 0. 032	- 0. 104 **	- 0. 110 **
State	0. 037	0. 033	- 0. 443	- 0. 435	0. 261 ***	0. 253 ***	0. 371 ***	0. 367 ***
Cr5	0. 264 ***	0. 218 ***	0. 362 *	0. 239	- 0. 516 **	- 0. 515 **	- 0. 26	- 0. 313
_cons	4. 090 **	3. 841	1. 549	0. 1	4. 283 ***	4. 758 ***	- 0. 136	- 0. 541
N	11748	11748	11748	11748	4243	4243	4243	4243
r2_w	0. 449	0. 451	0. 073	0. 073	0. 48	0. 485	0. 118	0. 118
F	55. 834	39. 114	77. 292	70. 437	103. 905	77. 763	430. 504	22. 891

注：* 表示 p < 0.1；** 表示 p < 0.05；*** 表示 p < 0.01。

（4）区分银企关联。

银企关系可能也是影响企业 R&D 投资的重要因素。根据企业与银行的关系，本书参照休斯顿和詹姆斯（Houston and James，1996）、陈胤默等（2018）的方法，依据企业资产负债率的高低来判断一个企业与银行的关系，负债比率越高，说明企业与银行的关系越好。表 6 - 12 是根据资产负债率的中位数进行分组后的回归结果。由表 6 - 12 可知，绝对模型中 MP1 的系数估计在低负债率组与高负债率组均显著为正，且高负债率组的绝对值 1. 463 大于低负债率组绝对值 1. 208，表明高负债率的企业从事 R&D 投资活动受货币政策的影响更大。银企关系是影响企业 R&D 投资的又一重要因素，良好的银企关系有利于企业从事 R&D 投资。

表 6 - 12　　　　　　　　　　按银企关系分组回归结果

变量	低负债率				高负债率			
	R&D 绝对模型		R&D 相对模型		R&D 绝对模型		R&D 相对模型	
	（1）	（2）	（3）	（4）	（5）	（6）	（7）	（8）
RD	0. 115 *	− 0. 114	0. 466 ***	0. 474 ***	0. 057	0. 05	0. 389 ***	0. 401 ***
RD^2	0. 015	0. 016	− 0. 003	− 0. 002	− 0. 009 **	− 0. 008 **	− 0. 003 *	− 0. 002 *
MP1	1. 208 ***		− 1. 065		1. 463 *		2. 329 *	
MP2		− 0. 04		0. 085		0. 181 *		− 0. 088
Net_rn	0. 000 ***	0. 000 ***	0. 001 *	0. 001 **	0. 000	0. 000	0. 002 ***	0. 001 ***
Cfo_a	0. 193 ***	0. 206 ***	− 0. 767	− 0. 844 *	0. 248 ***	0. 325 ***	− 0. 176	− 0. 136
Size	0. 386 ***	0. 400 ***	0. 089	0. 126 *	0. 378 ***	0. 376 ***	− 0. 015	0. 033
Tq	0. 036 ***	0. 032 ***	0. 058 ***	0. 061 ***	0. 025	0. 024	− 0. 024	− 0. 029
Roa	0. 000 ***	0. 000 ***	0. 001 ***	0. 001 **	0. 001 **	0. 001 **	0. 001 *	0. 000 **
Zshu	0. 014	0. 028 ***	− 0. 132 ***	− 0. 084 ***	0. 038 *	0. 005	− 0. 064 *	− 0. 046 ***
State	0. 054 *	0. 046	− 1. 000	− 0. 996	0. 155 ***	0. 148 ***	0. 112 **	0. 117 **
Cr5	0. 295 ***	0. 217 ***	0. 024	− 0. 115	0. 153 *	0. 111	0. 523 *	0. 392
_cons	6. 475 ***	5. 877 ***	1. 807	0. 513	5. 065 ***	5. 202 ***	1. 816 **	0. 322 *
N	7996	7996	7996	7996	7995	7995	7995	7995
r2_w	0. 525	0. 523	0. 079	0. 08	0. 378	0. 386	0. 066	0. 065
F	78. 246	70. 085	15. 662	486. 798	113. 248	311. 199	519. 878	495. 59

注：* 表示 p < 0. 1；** 表示 p < 0. 05；*** 表示 p < 0. 01。

（5）按照地区。

由于我国东部、中部、西部地区经济发展极为不平衡。本书根据上市公司总部所在的省份将样本划分为东部地区组、中部地区组和西部地区组。本书根据全国人大第八届第五次会议及国家发改委的划分标准，北京、天津、河北、辽宁、上海、江苏、浙江、福建、山东、广东和海南 11 个省份为东部地区；黑龙江、吉林、山西、安徽、江西、河南、湖北、湖南 8 个省份为中部地区；四川、重庆、贵州、云南、西藏、陕西、甘肃、青海、宁夏、新疆、广西和内蒙古 12 个省份为西部地区。表 6 - 13 和表 6 - 14 分别报告了绝对模型和相对模型按地区分组的回归结果。

表 6 - 13　　　　　　　　不同地区 R&D 绝对模型回归结果

变量	东部		中部		西部	
	（1）	（2）	（3）	（4）	（5）	（6）
RD	0.428 **	0.427 **	-0.168	0.202 *	0.173	0.118
RD^2	-0.011	-0.015	-0.017 **	-0.018 **	0.016	0.015 *
MP1	0.765		1.354 **		1.968 ***	
MP2		0.080 *		0.132 *		-0.211
Net_rn	0.000 **	0.000 *	0.001 ***	0.001 ***	0.000	0.000 *
Cfo_a	0.232 ***	0.271 ***	0.706 ***	0.767 ***	0.219	0.245
Lev	-0.193 *	-0.193 *	-0.19 *	-0.189	-0.342	-0.299
Size	0.387 ***	0.390 ***	0.276 ***	0.281 ***	0.448 ***	0.445 ***
Tq	0.028 **	0.025 **	0.019	0.017	0.024	0.022
Roa	0.001 ***	0.001 **	0.001 ***	0.001 ***	0.000	0.000 *
Zshu	0.036 ***	0.027 **	0.113 ***	0.095 ***	-0.024	-0.049
State	-0.082 *	-0.087 **	0.217 ***	0.211 ***	0.325 ***	0.302 ***
Cr5	0.120 ***	0.099	-0.086	0.125 **	0.001 *	-0.03
_cons	1.808	1.738	8.787 ***	8.866 ***	5.839 **	5.283 **
N	9938	9938	3311	3311	2742	2742
r2_w	0.507	0.508	0.455	0.458	0.374	0.382
F	247.483	83.503	173.147	1857.296	45.477	63.103

注：* 表示 p < 0.1；** 表示 p < 0.05；*** 表示 p < 0.01。

表 6 – 14　　　　　　不同地区 **R&D** 相对模型回归结果

变量	东部		中部		西部	
	（1）	（2）	（3）	（4）	（5）	（6）
RD	0.466 ***	0.474 ***	0.434 ***	0.435 ***	0.405 ***	0.418 ***
RD^2	– 0.004 *	– 0.006 *	– 0.003 ***	– 0.002 ***	– 0.004	– 0.005
MP1	1.611 **		– 0.149		1.736 **	
MP2		– 0.053		– 0.101		0.134
Net_rn	0.001 ***	0.001 ***	0.001	0.001	0.000	0.000 *
Cfo_a	– 0.572 ***	– 0.611 ***	0.023	0.08 *	– 0.06	– 0.052
Lev	– 0.652 ***	– 0.673 ***	– 0.328	– 0.32 *	– 0.266	– 0.249
Size	0.082	0.121 *	0.036	0.021	0.086 *	0.094 ***
Tq	– 0.068 ***	– 0.074 ***	– 0.003	– 0.004 *	– 0.03	– 0.03
Roa	0.001 *	0.001 *	0.000	0.000 *	0.000 *	0.000
Zshu	– 0.104 **	– 0.048 ***	0.031	0.000	0.137 **	0.148 ***
State	– 0.716	– 0.712	0.087 *	0.075 *	0.359 ***	0.348 ***
Cr5	0.389 **	0.249	– 0.165	– 0.138	– 0.490 ***	– 0.518 ***
_cons	1.409	– 0.086	0.309	0.813	0.124	– 0.134
N	9938	9938	3311	3311	2742	2742
r2_w	0.08	0.08	0.212	0.215	0.2	0.203
F	142.784	714.791	2212.797	136.657	301.979	45.033

注：* 表示 p < 0.1；** 表示 p < 0.05；*** 表示 p < 0.01。

从表 6 – 13 绝对模型回归结果可以看出，在中部组和西部组中，MP1 的系数估计值都显著为正，同时西部组（1.968）显著高于中部组（1.354）；东部组和中部组中，MP2 的系数估计值都显著为正，同时中部组（0.132）显著高于东部组（0.080）。

从表 6 – 14 相对模型回归结果可以看出，在东部组和西部组中，MP1 的系数估计值都显著为正，同时西部组（1.736）显著高于东部组（1.611）。这说明货币政策对企业 R&D 投资的影响，西部大于中部，中部大于东部。一般来说，西部市场化程度低于中部，中部低于东部，这看似与表 6 – 10 按

市场化程度分组回归结果相矛盾，但是，进一步分析即可发现，西部地区不仅市场化程度低于东部，更为根本的是西部地区的经济结构更为单一，更多是财政转移支付和政府投资拉动经济发展，这一点重庆尤为明显。这种靠财政转移支付和政府投资拉动型经济缺乏内生动力，经济较为脆弱，很容易受到外部环境的影响而发生剧烈波动。

6.4.5　货币政策通过融资约束影响企业 R&D 投资的实证研究

1. 全样本回归结果

货币政策通过融资约束如何影响企业 R&D 投资，可以借助交乘项目来检验。表 6 – 15 列示了全样本回归结果。从表 6 – 15 中可以看出，无论是绝对模型，还是相对模型，MP1 的系数估计值都显著为正，但 MP1 与融资约束的交乘项 FC × MP1 的系数估计值，绝对模型中显著为负（ – 0.724），相对模型中不显著，说明融资约束对货币政策影响企业 R&D 投资的正向影响有一定的抑制作用。MP2 的系数估计值在相对模型中不显著，但在绝对模型中显著为正（0.090），并且 MP2 与融资约束的交乘项 FC × MP2 的系数估计值显著为负（ – 0.055）。融资约束在一定程度上抵消货币政策对企业研发投资的正向促进作用，即融资约束高的企业在货币政策紧缩时期更容易减少 R&D 投资。假设 2 得到了较好的验证。

此外，表 6 – 15 中的栏位（1）和栏位（3）中，反映融资约束的 FC 的系数估计值显著为负，说明融资约束越高，企业 R&D 投资越低。融资约束自身对企业 R&D 投资也有一定的抑制作用。

表 6 – 15	全样本回归结果			
变量	R&D 绝对模型		R&D 相对模型	
	（1）	（2）	（3）	（4）
RD	0.210 **	0.201 *	0.458 ***	0.464 ***
RD²	– 0.005	0.006	– 0.004 *	– 0.003 *

续表

变量	R&D 绝对模型		R&D 相对模型	
	(1)	(2)	(3)	(4)
FC	− 0. 162 *	− 0. 04	− 0. 145 *	− 0. 13
MP1	1. 335 ***		1. 341 *	
FC × MP1	− 0. 724 *		0. 047	
MP2		0. 090 **		− 0. 017
FC × MP2		− 0. 055 *		0. 039
Net_rn	0. 000	0. 000 *	0. 001 ***	0. 001 ***
Cfo_a	0. 312 ***	0. 349 ***	0. 447 *	− 0. 449
Lev	− 0. 143 *	− 0. 138	− 0. 376 ***	− 0. 414 **
Size	0. 384 ***	0. 386 ***	0. 079	0. 111 **
Tq	0. 028 **	0. 026 **	− 0. 053 *	− 0. 057 *
Roa	0. 001 ***	0. 002 ***	0. 003	− 0. 001
Zshu	0. 032 **	0. 018 *	− 0. 091	− 0. 063
State	0. 080 ***	0. 071 ***	− 0. 303	− 0. 301
Cr5	0. 08	0. 041	0. 226 *	0. 137
_cons	3. 600 ***	3. 561 **	0. 77	− 0. 291
N	15991	15991	15991	15991
r2_w	0. 471	0. 474	0. 087	0. 086
F	162. 953	54. 521	9. 961	182. 028

注：* 表示 $p < 0.1$；** 表示 $p < 0.05$；*** 表示 $p < 0.01$。

2. 分组样本分析

为了保持和前面研究的一致性，本章还是按照经济新常态、市场化程度、企业行业、银企关系和所在地区的角度出发，进一步进行分组检验。

（1）经济新常态前后（2012 年前后）。

考虑到我国经济从 2013 年开始进入"新常态"，我们首先将样本分为 2012 年及以前和 2012 以后进行回归分析，表 6 – 16 报告了在不同经济时期，货币政策对企业 R&D 投资的影响。如表 6 – 16 所示，无论绝对模型，

还是相对模型，MP1 的系数估计值都显著为正，但 MP1 与融资约束的交乘项 FC×MP1 的系数估计值，相对模型中显著为负，相对模型中不显著；MP2 的系数估计值在栏位（6）显著为正（0.013），但 MP2 与融资约束的交乘项 FC×MP2 的系数估计值，相对模型中显著为负，绝对模型中不显著，进一步支持了表 6-15 的研究结论。另外，对比 2012 年及以前与 2012 年以后的回归结果可以看出，前者 FC×MP1 的系数估计值绝对值低于后者，前者 FC×MP2 的系数估计值绝对值虽高于后者，但后者仅在 10% 的水平上为负，在一定程度上表明在 2013 年以后，融资约束对货币政策与企业 R&D 投资的抑制作用变大。这可能是因为，2013 年以后，我国进入经济"新常态"，研发投资受到外界负面情绪的影响更大，融资约束对货币政策与研发投资的负向调节作用越大。

表 6-16　　　　　　　　　　经济新常态前后分组样本回归结果

变量	2012 年及以前				2012 年以后			
	R&D 绝对模型		R&D 相对模型		R&D 绝对模型		R&D 相对模型	
	（1）	（2）	（3）	（4）	（5）	（6）	（7）	（8）
RD	-0.059	-0.157	0.216*	0.232*	0.141*	0.135	0.229**	0.228**
RD²	0.009	-0.013	0.001	0.001	0.002	0.003	-0.001**	-0.001**
FC	0.086	-0.347***	-0.405**	-0.102*	-0.102	0.072	-0.634***	-0.211*
MP1	2.437***		2.549*		1.732*		3.483***	
FC×MP1	0.037		-3.041***		1.402		-5.175***	
MP2		0.053		-0.113		0.013*		0.026
FC×MP2		-0.243***		-0.095		-0.000*		0.000
Net_rn	0.000	0.000	0.002**	0.001**	0.000***	0.000***	0.002***	0.001**
Cfo_a	0.102	0.283***	-0.169	-0.091	0.252***	0.258***	-0.128	-0.129*
Lev	-0.248***	-0.255***	-0.609	-0.616	-0.567***	-0.572***	-0.378***	-0.365***
Size	0.317***	0.430***	0.328**	0.415***	0.453***	0.463***	0.072**	0.058
Tq	-0.084	-0.049	0.162***	0.142***	0.045***	0.043***	0.064***	0.061***
Roa	0.000	0.000	0.002***	0.002***	0.000	0.000	-0.000*	0.000

续表

变量	2012 年及以前				2012 年以后			
	R&D 绝对模型		R&D 相对模型		R&D 绝对模型		R&D 相对模型	
	(1)	(2)	(3)	(4)	(5)	(6)	(7)	(8)
Zshu	−0.086***	0.066	0.066	0.156*	0.063***	0.066***	−0.001	−0.004
State	0.102	0.081	1.502**	1.521**	0.043**	0.044**	0.084*	0.083*
Cr5	−0.296	−0.745***	1.579***	1.843***	−0.101	−0.142	0.127	0.183
_cons	10.035***	6.679**	−2.716	−5.588	4.276**	3.906**	−0.268	0.459
N	4859	4859	4859	4859	11350	11350	11350	11350
r2_w	0.239	0.247	0.035	0.035	0.325	0.324	0.055	0.054
F	4.851	9.37	17.685	3.246	1.807	35.253	17.949	26.606

注：*表示 $p < 0.1$；**表示 $p < 0.05$；***表示 $p < 0.01$。

此外，表 6-16 中 FC 的系数估计值除栏位 (1)、栏位 (5)、栏位 (6) 外，均显著为负，但是在相对模型下，前者的系数估计值绝对值均小于后者，说明 2013 年以后，融资约束自身对企业 R&D 投资的抑制作用变大。

(2) 区分市场化程度。

根据樊纲等 (2018) 编制的市场化指数的中位数，本书进一步将样本分为高市场化和低市场化两组，结果见表 6-17。如表 6-17 所示，在绝对模型中，MP1 与 MP2 的系数估计值显著为正，但 MP1、MP2 与融资约束的交乘项 FC×MP1、FC×MP2 的系数估计值显著为负，且高市场化组的 FC×MP1 的系数估计值绝对值大于低市场化组，FC×MP2 则区别不明显，市场化程度越高，企业融资约束对货币政策和企业 R&D 投资的影响越大。市场化程度越高，企业能够在市场上利用的筹资方式多样，企业更多地依赖外部融资渠道，一旦融资受到限制，将对企业 R&D 投资产生很大影响。

表 6－17　　　　　　　　　按市场化程度分组回归结果

变量	低市场化指数				高市场化指数			
	R&D 绝对模型		R&D 相对模型		R&D 绝对模型		R&D 相对模型	
	（1）	（2）	（3）	（4）	（5）	（6）	（7）	（8）
RD	0.051	0.034	0.400 ***	0.406 ***	0.257 **	0.259 **	0.345 ***	0.353 ***
RD^2	− 0.010 *	0.009	− 0.004 *	− 0.003 *	0.002	0.003	− 0.003 *	− 0.003
FC	− 0.225 ***	− 0.115 **	− 0.323 *	− 0.199 *	− 0.105	0.064	− 0.098 *	− 0.167 *
MP1	1.765 ***		1.395		2.486 ***		0.969	
FC × MP1	− 0.53 *		1.02		− 1.081 *		1.214	
MP2		0.109 *		− 0.074		0.102 **		0.122
FC × MP2		− 0.095 ***		0.135 **		− 0.005 *		0.013
Net_rn	0.000	0.000	0.002 ***	0.002 ***	0.000 **	0.000 **	0.001 **	0.001 ***
Cfo_a	0.539 ***	0.560 ***	− 0.080	− 0.082	0.070	0.155 *	− 0.825 ***	− 0.860 ***
Lev	− 0.055	− 0.046	− 0.024	− 0.055	− 0.344 **	− 0.358 ***	− 0.249	− 0.308 *
Size	0.413 ***	0.410 ***	0.025	0.062	0.420 ***	0.435 ***	0.029	0.076 *
Tq	0.030	0.027	− 0.034 **	− 0.034 *	0.037 ***	0.032 *	− 0.094 ***	− 0.087 ***
Roa	0.001 ***	0.002 ***	− 0.001	− 0.001	0.000 ***	0.000 *	− 0.001 **	− 0.001 *
State	0.226 ***	0.207 ***	0.228 ***	0.231 ***	− 0.160 ***	− 0.170 ***	− 1.273	− 1.257
Cr5	0.038	− 0.009	0.005	− 0.084	0.068	0.004	0.545 ***	0.439 ***
_cons	4.703 ***	4.676 ***	1.101	0.172	3.799 ***	3.090 **	2.279	1.122
N	7996	7996	7996	7996	7995	7995	7995	7995
r2_w	0.395	0.4	0.076	0.076	0.467	0.465	0.067	0.067
F	37.183	26.898	19.575	87.791	435.32	1079.83	21.177	178.012

注：* 表示 $p < 0.1$；** 表示 $p < 0.05$；*** 表示 $p < 0.01$。

此外，FC 的系数估计值除在栏位（5）、栏位（6）外，均显著为负，但是在相对模型下，低市场化组的 FC 的系数估计值绝对值高于高市场化组，表明市场化程度越低，企业融资约束自身对企业 R&D 投资的负向影响越大。

（3）区分制造业企业。

考虑到制造业和非制造业的很多财务决策行为存在较大差异，本书进一步将样本为制造业组和非制造业组。划分方法是依据证监会《上市公司行业分类指引》（2012 年修订版），依据行业分类首个字母是否是"C"来进行。如表 6 - 18 所示，在绝对模型中，MP1 与 MP2 的系数估计值显著为正，但交乘项 FC × MP2 的系数估计值显著为负，且制造业组的系数估计值比非制造业低。这说明在制造业企业中，货币政策对企业研发投资的正向影响受到融资约束的抑制作用更弱。这可能是因为制造业是资本密集型产业，拥有更多可用于抵押的资产，进而缓解了融资约束带来的压力。

表 6 - 18　　　　　　　　　是否是制造业分组回归结果

变量	制造业				非制造业			
	R&D 绝对模型		R&D 相对模型		R&D 绝对模型		R&D 相对模型	
	（1）	（2）	（3）	（4）	（5）	（6）	（7）	（8）
RD	0.106	0.111	0.430 ***	0.439 ***	0.236 *	0.171	0.501 ***	0.504 ***
RD²	0.007	0.008	- 0.004 *	- 0.003 *	- 0.006 **	- 0.008 ***	- 0.003	- 0.011
FC	- 0.116 *	- 0.011	- 0.067 **	- 0.039	- 0.330 **	- 0.175	- 0.471 *	- 0.516
MP1	1.524 ***		- 1.594		1.082 ***		1.305	
FC × MP1	- 0.623 **		0.112		- 0.957		- 0.45	
MP2		0.091 **		- 0.001		0.095 **		0.081
FC × MP2		- 0.043 *		0.046		- 0.124 *		- 0.022
Net_rn	0.000 *	0.000 **	0.001 **	0.001 **	0.000	0.000	0.001	0.001 *
Cfo_a	0.369 ***	0.418 ***	- 0.259	- 0.262	0.100	0.101	- 0.651 ***	- 0.655 ***
Lev	- 0.067	- 0.067	- 0.161 **	- 0.216 ***	- 0.278 **	- 0.274 ***	- 0.584 **	- 0.601 **
Size	0.414 ***	0.420 ***	0.046	0.090 **	0.349 ***	0.345 ***	0.109	0.127
Tq	0.032 **	0.030 **	- 0.026 **	- 0.030 **	0.024	0.023 *	- 0.130 ***	- 0.134 ***
Roa	0.000 **	0.000	0.000	0.000	0.001 ***	0.001 ***	- 0.001 *	- 0.001 *
Zshu	0.039 **	0.031	- 0.093 **	- 0.054 ***	0.009	- 0.030	- 0.094 ***	- 0.099 ***
State	0.041	0.034	- 0.438	- 0.432	0.298 ***	0.288 ***	0.464 ***	0.459 ***

续表

变量	制造业				非制造业			
	R&D 绝对模型		R&D 相对模型		R&D 绝对模型		R&D 相对模型	
	(1)	(2)	(3)	(4)	(5)	(6)	(7)	(8)
Cr5	0.260 ***	0.210 ***	0.354 *	0.238	− 0.544 ***	− 0.595 ***	− 0.389 ***	− 0.444 **
_cons	4.112 **	3.819	1.557	0.102	3.824 **	4.655 ***	− 0.274	− 0.748
N	11748	11748	11748	11748	4243	4243	4243	4243
r2_w	0.449	0.451	0.073	0.073	0.481	0.486	0.12	0.12
F	91.196	117.167	21.822	122.707	93.12	80.036	219.671	24.529

注：* 表示 $p < 0.1$；** 表示 $p < 0.05$；*** 表示 $p < 0.01$。

此外，FC 的系数估计值在栏位（1）、栏位（3）、栏位（5）、栏位（7）中均显著为负，且非制造业组的系数估计值绝对值高于制造业组，表明相较于非制造业，制造业企业融资约束自身对企业 R&D 投资的抑制作用更弱。

（4）区分银企关联。

银企关系可能也是影响企业 R&D 投资的重要因素。根据企业与银行的关系，本书参照休斯顿和詹姆斯（1996）、陈胤默等（2018）的方法，依据企业资产负债率的高低来判断一个企业与银行的关系，负债比率越高，说明企业与银行的关系越好。表 6 - 19 是根据资产负债率的中位数进行分组后的回归结果。由表 6 - 19 可知，MP1 的系数估计值在栏位（1）、栏位（5）显著为正，但 MP1 与融资约束的交乘项 FC × MP1 的系数估计值显著为负，并且低负债率组系数估计值的绝对值高于高负债率组（绝对模型）；MP2 的系数估计值在栏位（2）、栏位（6）显著为正，但对于 MP2 与融资约束的交乘项 FC × MP2，无论是相对模型，还是绝对模型，其系数估计值均显著为负，并且低负债率组系数估计值的绝对值高于高负债率组。这表明当企业负债率越低（企业与银行的关系越差），货币政策对研发投资影响受到融资约束的反向调节作用越大。这可能是由于银企关系可以在一定程度上缓解企业融资约束，银企关系良好的企业更容易从银行以较低的资金成本获得更多的资金。

表 6 – 19　　　　　　　　　　　按银企关系分组回归结果

变量	低负债率				高负债率			
	R&D 绝对模型		R&D 相对模型		R&D 绝对模型		R&D 相对模型	
	(1)	(2)	(3)	(4)	(5)	(6)	(7)	(8)
RD	0.077	− 0.091	0.465 ***	0.469 ***	0.064	0.056	0.388 ***	0.399 ***
RD^2	− 0.014 ***	− 0.014 ***	− 0.004	− 0.003	− 0.009 **	− 0.008 **	− 0.003 *	− 0.002 *
FC	− 0.368 ***	− 0.024	− 1.155 ***	− 0.605 ***	− 0.431 ***	− 0.280 ***	− 0.39 *	− 0.223 **
MP1	1.572 ***		1.863		2.308 **		3.432	
FC × MP1	− 2.720 ***		− 5.238 *		− 1.278 **		− 1.753	
MP2		0.066 ***		0.057		0.272 **		0.301
FC × MP2		− 0.188 ***		− 0.973 ***		− 0.150 ***		− 0.351 *
Net_rn	0.000 ***	0.000 ***	0.001 *	0.001 **	0.000	0.000	0.001 ***	0.001 ***
Cfo_a	0.202 ***	0.214 ***	− 0.793	− 0.844 **	0.193 **	0.277 ***	− 0.197	− 0.134
Size	0.392 ***	0.403 ***	0.104	0.141 *	0.377 ***	0.377 ***	− 0.02	0.026
Tq	0.035 ***	0.032 ***	0.058 ***	0.062 ***	0.023	0.021	− 0.025	− 0.030
Roa	0.000 ***	0.000 ***	0.001 ***	0.001 ***	0.001 **	0.001 *	0.001 *	0
Zshu	0.016	0.029 ***	− 0.112 ***	− 0.058 ***	0.040 *	0.009	− 0.062 *	− 0.045 ***
State	0.052 *	0.049 *	− 0.982	− 0.959	0.188 ***	0.181 ***	0.131 ***	0.137 ***
Cr5	0.295 ***	0.222 ***	− 0.135	− 0.268	0.090	0.044	0.485	0.347
_cons	6.089 ***	5.621 ***	1.595	0.146	5.308 ***	5.313 ***	2.168	0.623
N	7996	7996	7996	7996	7995	7995	7995	7995
r2_w	0.525	0.524	0.081	0.082	0.38	0.388	0.066	0.066
F	67.817	28.074	122.968	557.578	69.926	414.87	588.697	181.735

注：* 表示 p < 0.1；** 表示 p < 0.05；*** 表示 p < 0.01。

（5）按照地区。

由于我国东部、中部、西部地区经济发展极为不平衡。本书根据上市公司总部所在的省份将样本划分为东部地区组、中部地区组和西部地区组。本书根据全国人大第八届第五次会议及国家计委的划分标准，北京、天津、河北、辽宁、上海、江苏、浙江、福建、山东、广东和海南 11 个省份为东部

地区；黑龙江、吉林、山西、安徽、江西、河南、湖北、湖南 8 个省份为中部地区；四川、重庆、贵州、云南、西藏、陕西、甘肃、青海、宁夏、新疆、广西和内蒙古 12 个省份为西部地区。表 6-20 和表 6-21 分别报告了绝对模型和相对模型按地区分组的回归结果。

表 6-20　　　　　　　不同地区 R&D 绝对模型回归结果

变量	东部		中部		西部	
	（1）	（2）	（3）	（4）	（5）	（6）
RD	0.435 **	0.427 **	-0.17	0.202	0.146 *	-0.111
RD^2	-0.002	-0.001	-0.017 *	-0.018 **	-0.015 *	0.013
FC	-0.156 *	-0.022	-0.153 *	-0.219 *	-0.379 ***	-0.081
MP1	1.052 *		1.235 *		2.779 ***	
FC × MP1	-0.812 *		-0.616		-2.098 **	
MP2		0.061 **		0.112 *		-0.215
FC × MP2		-0.045 *		-0.055		0.007
Net_rn	0.000 **	0.000 **	0.001 ***	0.001 ***	0.000	0.000 *
Cfo_a	0.232 ***	0.258 ***	0.618 ***	0.683 ***	0.223	0.226
Lev	-0.146 *	-0.141 *	0.118 *	0.11	-0.265	-0.226 *
Size	0.388 ***	0.389 ***	0.275 ***	0.282 ***	0.444 ***	0.446 ***
Tq	0.027 **	0.026 **	0.019	0.017	0.022	0.022
Roa	0.001 ***	0.001 **	0.001 ***	0.001 ***	0.000	0.000
Zshu	0.038 ***	0.027 **	0.115 ***	0.098 ***	-0.02	-0.047
State	-0.078 *	-0.085 **	0.259 ***	0.254 ***	0.341 ***	0.311 ***
Cr5	0.117 **	0.087	-0.119	-0.165	0.004	-0.052
_cons	1.763	1.746	8.777 ***	8.797 ***	5.776 **	5.205 **
N	9938	9938	3311	3311	2742	2742
r2_w	0.507	0.508	0.456	0.459	0.375	0.382
F	39.18	417.843	87.054	218.497	12.234	25.464

注：* 表示 p < 0.1；** 表示 p < 0.05；*** 表示 p < 0.01。

表 6－21   不同地区 R&D 相对模型回归结果

变量	东部		中部		西部	
	（1）	（2）	（3）	（4）	（5）	（6）
RD	0.466 ***	0.474 ***	0.434 ***	0.433 ***	0.404 ***	0.418 ***
RD^2	－ 0.004 *	－ 0.004 *	－ 0.002 ***	－ 0.002 ***	－ 0.003	－ 0.005
FC	－ 0.155 *	－ 0.128	0.004	－ 0.332 ***	－ 0.393	－ 0.072
MP1	1.667 **		0.455 *		2.071 *	
FC × MP1	－ 0.077		－ 2.083 ***		－ 2.411	
MP2		0.042 *		－ 0.135		0.146 *
FC × MP2		－ 0.03 *		0.078		－ 0.101
Net_rn	0.001 ***	0.001 ***	0.001	0.001	0.000	0.000 *
Cfo_a	－ 0.594 ***	－ 0.625 ***	－ 0.106	－ 0.015	－ 0.046	－ 0.065
Lev	－ 0.465 **	－ 0.519 **	0.046	0.073	－ 0.218	－ 0.206
Size	0.083	0.120 *	0.032	0.018	0.081 *	0.093 ***
Tq	－ 0.068 ***	－ 0.074 ***	－ 0.003	－ 0.004	－ 0.032	－ 0.031
Roa	－ 0.002 *	－ 0.001 *	0.000	0.001 *	0.000	0.000 *
Zshu	－ 0.101 **	－ 0.044 **	0.031	0.007	－ 0.133 ***	－ 0.146 ***
State	－ 0.704	－ 0.701	0.135 *	0.130 *	0.375 ***	0.356 ***
Cr5	0.364 *	0.229	－ 0.219	－ 0.167	－ 0.470 ***	－ 0.514 ***
_cons	1.414	－ 0.103	0.269	0.804	0.32	－ 0.116
N	9938	9938	3311	3311	2742	2742
r2_w	0.08	0.08	0.214	0.217	0.202	0.203
F	49.931	116.978	618.225	130.471	382.158	51.763

注：＊表示 p＜0.1；＊＊表示 p＜0.05；＊＊＊表示 p＜0.01。

从表 6－20 绝对模型回归结果可以看出，MP1 的系数估计值均显著为正，MP1 与融资约束的交乘项 FC × MP1 的系数估计值在东部组与西部组中显著为负；MP2 的系数估计值在东部组、中部组中显著为正。对比东部组与西部组，东部组中 FC × MP1 的系数估计值绝对值低于西部组。

从表 6－21 相对模型回归结果可以看出，MP1 的系数估计值均显著为

正，MP1 与融资约束的交乘项 FC × MP1 的系数估计值为负，但仅在中部组中显著；MP2 的系数估计值在东部组与西部组中显著为正，MP2 与融资约束的交乘项 FC × MP2 的系数估计值为负，但仅在东部组中显著。这说明在西部地区，货币政策对企业 R&D 投资的正向影响受到融资约束的抑制作用更大。这看似与表 6-17 按市场化程度分组的结果不一致，但是，相比东部地区和中部地区，西部地区不仅市场化程度低于中部和东部地区，更为突出的是西部地区的经济结构更为单一、经济不活跃、融资渠道少，更多依靠财政支持和外部融资等渠道获得研发所需资金。

此外，FC 的系数估计值除在栏位（2）、栏位（6）外，均显著为负，并且西部组的系数估计值绝对值明显高于东部组与中部组，说明在西部地区，货币政策对企业 R&D 投资的影响受企业融资约束自身的负向影响更大。

6.5 本章小结

与第 5 章相比，本章主要从微观层面，分析货币政策、融资约束对企业 R&D 投资的影响。因此，本章首先分析文献并提出研究假设，然后介绍投资—现金流投资模型、销售加速度投资模型、托宾 Q 投资模型和欧拉方程投资模型，并比较其优缺点，最后在欧拉方程投资模型的基础上构建本书的研究模型，最后以 2008～2018 年中国宏观货币政策数据和非金融类上市公司数据为基础，实证分析货币政策、融资约束对企业 R&D 投资的影响。为了保证样本不存在选择性偏误，本书在实证分析前进行了样本选择性偏误检验。考虑到数据间可能存在截面相关、异方差和序列相关问题，本章选择丹尼尔·霍奇勒（2007）提出的同时考虑异方差、截面相关和序列相关以及稳健性的固定效应检验方法进行检验。

通过本章的分析，我们可以发现：

（1）货币政策与企业 R&D 投资：①全样本下，宽松的货币政策有利于激发企业 R&D 投资激情，在紧缩的货币政策下，企业一般会压缩 R&D 投资。企业成长性越好、现金流越充裕、负债率越低、公司规模越大、投资机会越多、市场化程度越高，企业越愿意进行 R&D 投资，此外，国有企业仍然是 R&D 投资和创新的主体。②分组样本下，2013 年我国进入经济新常态后，货币政策对企业 R&D 投资的影响变得越来越小，说明货币政策调节经济的作用在减小；市场化程度越高，货币政策对企业 R&D 投资的刺激作越明显；与非制造业相关，货币政策对制造业的 R&D 投资影响更大；拥有较好银企关系的企业，企业在进行 R&D 投资时，受到企业融资约束的影响要小一些；由于西部地区市场化程度较低并且经济结构单一，西部地区更易于受到货币政策的影响。

（2）货币政策通过融资约束影响企业 R&D 投资：①全样本下，融资约束对企业 R&D 投资有一定的抑制作用，并且融资约束对货币政策与企业 R&D 投资间的正相关关系有一定的抑制作用。②分组样本下，2013 年我国进入经济新常态后，融资约束对货币政策与研发投资的负向调节作用越来越大；市场化程度越高，融资受到限制将对企业 R&D 投资产生更大的影响；对于制造业这样的资本密集型产业，融资约束对其企业 R&D 投资的影响较小；企业具有较好的银企关系能够减缓融资约束对企业 R&D 投资的负面影响；在市场化程度较低并且经济结构单一的西部地区，企业 R&D 投资受到融资约束的影响更大。

第 7 章

结论及建议

　　至此，本书的研究基本告一段落。本章首先将根据前面几章的理论分析和实证检验结果，对本书的研究结论进行总结和归纳，然后根据研究结论提出相应的对策和建议，最后指出本书研究的不足和下一步努力的方向。

7.1　研究结论

　　本书利用宏观经济数据和微观企业数据，同时研究货币政策、融资约束对 R&D 投资的宏观协整分析和微观实证检验，通过本书的研究，我们得出如下研究结论：

　　（1）宏观总体来看，尽管 lnM0、lnM1 和 lnM2 三者之间存在长期协整关系，并且互为 Granger 原因，但是只有 lnM2 与 lnRD 之间存在的长期协整关系有效，并且 lnM2 与 lnRD 也互为 Granger 原因。由此可见，影响企业 R&D 投资的货币政策变量主要是 M2，而不是 M0 和 M1。因此，国家应在调控 M2 上下功夫，并寻求更加灵活的政策措施，来促进企业加大 R&D 投资和产业升级转型。

　　（2）宏观货币传导渠道来看，金融机构贷款余额确实充当了货币政策与 R&D 投资之间协整关系的中介作用，并且这种中介作用是有效的，货币传导渠道中的信贷渠道畅通。但把银行间 7 天同业拆借利率作为货币政策与 R&D 投资之间协整关系的中介进行检验时，未通过检验，说明货币传导渠道中的利率渠道是受阻的，货币政策通过利率渠道无法影响企业 R&D 投资。这可能与我国长期以来对利率实行严格管制有关，利率管制不仅阻碍了利率传导机制发挥作用，还导致货币政策调控更多的只能依赖信贷渠道，单纯依赖信贷传递渠道将导致货币市场缺乏利率渠道带来的必要弹性和缓冲，其最终结果就是现实中的真实投资和经济剧烈波动，以及政策上的"一放即乱，一收即死"的两难局面。

　　（3）货币政策与企业 R&D 投资：①全样本下，宽松的货币政策有利于激发企业 R&D 投资激情；紧缩的货币政策下，企业一般会压缩 R&D 投资。企业成长性越好、现金流越充裕、负债率越低、公司规模越大、投资机会越

多、市场化程度越高，企业越愿意进行 R&D 投资。此外，国有企业仍然是 R&D 投资和创新的主体。②分组样本下，2013 年我国进入经济新常态后，货币政策对企业 R&D 投资的影响变得越来越小，说明货币政策调节经济的作用在减小；市场化程度越高，货币政策对企业 R&D 投资的刺激作越明显；与非制造业相关，货币政策对制造业的 R&D 投资影响更大；拥有较好银企关系的企业在进行 R&D 投资时，受到企业融资约束的影响要小一些；由于西部地区市场化程度较低并且经济结构单一，西部地区更易于受到货币政策的影响。

（4）货币政策通过融资约束影响企业 R&D 投资：①全样本下，融资约束对企业 R&D 投资有一定的抑制作用，并且融资约束对货币政策与企业 R&D 投资间的正相关关系有一定的抑制作用。②分组样本下，2013 年我国进入经济新常态后，融资约束对货币政策与研发投资的负向调节作用越来越大；市场化程度越高，融资受到限制将对企业 R&D 投资产生更大的影响；对于制造业这样的资本密集型产业，融资约束对其企业 R&D 投资的影响较小；企业具有较好的银企关系能够减缓融资约束对企业 R&D 投资的负面影响；在市场化程度较低并且经济结构单一的西部地区，企业 R&D 投资受到融资约束的影响更大。

7.2 政策建议

根据研究结论，本书提出如下建议：

（1）完善金融市场，发挥宏观货币政策对微观企业 R&D 投资的积极作用。

尽管我国政府在如何运用货币政策来调控经济上已积累了非常丰富的经验，但是这并不能说相应的制度就完美无瑕。相反，由前面分析和现有文献可知，我国除信贷渠道相对比较畅通外，其他渠道都不是很畅通，或者说是有缺陷的。货币政策传递渠道是否畅通，很大程度与银行、证券等中介市场有关，尤其是银行。中央的宏观货币政策能否有效的调节微观企业行为，很大程度上取决于货币传递渠道是否畅通以及商业银行等金融机构。因此，本书建议进一步深化商业银行等金融机构改革，进一步强化其市场经济主体地位，建立现代金融企业制度，完善法人治理机制，强化利润导向和风控意识。同时减少行政干预，给银行等金融机构更多自主权，充分发挥其主观能动性，更大限度地为微观企业的经营活动和创新行为提供服务和支持。

（2）推进利率市场化改革，促进利率传递渠道的中介作用。

一项好的货币政策要想传递到微观实体经济中去，利率起着十分重要的作用。然而由于历史等多方面原因，我国一直都保持着对利率的管制，以减少利率波动对国民经济及生活的影响和冲击。利率管制确实有它好的方面，但危害也不容小觑，利率管制最大的危害就是阻碍利率传导机制自主发挥作用。不仅如此，利率管制导致货币政策调控更多地只能依赖信贷渠道，而单纯依赖信贷传递渠道会使得货币市场缺乏利率的缓冲，这必然会导致真实的投资和经济发生剧烈波动。货币政策的调节不仅没法熨平经济波动，反而加剧了波动，其结果就是经济"一紧即死，一松即乱"的现象。经过多年的发展，我国经济抗风险能力已得到了极大的提高，建议逐步放开对利率的管制，使利率传导机制真正发挥其应有的作用。

（3）加快金融市场的发展，拓展货币政策的 R&D 投资效应。

相对于西方发达国家，我国金融市场还很不完善，这不仅表现为相关金融制度还存在缺陷，机制不灵活，还表现为金融产品创新不足，企业融资渠道单一。建议加快金融市场发展，健全金融体系，规范金融市场行为，确保货币政策能有效地传递到微观企业的 R&D 投资及创新行为上来。具体而言，扩大货币市场的交易主体和交易工具，规范同业拆借品种，完善票据贴现和再贴现业务；建议大力发展债券市场，提高直接融资比例，降低企业融资成本，提高融资效率，此外，还可以逐步推行信贷证券化，利率远期等新型金融创新工具，以提高金融市场的活力和效率，拓展货币政策对 R&D 投资的传递渠道和效应。

（4）积极培育微观企业创新主体，重视企业货币政策需求。

企业是创新的主体，也是中央银行运用货币政策调节 R&D 投资规模的

微观基础，企业能否按照市场经济规模办事，能否准确地理解央行货币政策并进行及时调整，是对公司管理层的一种挑战。建议继续深化企业改革，在企业内外部构建一个相对比较公平的竞争环境和人才流动体制，让那些真正有能力、有学识，能快速准确理解中央银行意图的人来担任公司的要职。此外，中央银行还应进一步完善信息披露机制，不仅是在第一时间明确的将货币政策调整信息及时准确地告知给全世界，允许的话，甚至可以提前发布一些预见性信息，以便企业提前做出调整。

此外，本书还建议：（1）考虑到不同地区、不同行业公司的 R&D 投资行为在面对宏观货币政策调整时所表现出的显著差异，建议可实行差别化的货币政策和银行信贷政策，同时配合一些差别化的投资计划、融资政策、税收优惠和政府补贴政策等，使不同地区、不同行业和不同类型的企业都能在不同货币政策下，克服融资约束的制约，加大 R&D 投资，促进企业技术创新和产业升级转型。（2）为配合金融市场的发展，在完善相关法律法规的同时，建议尽快构建一个覆盖全国所有企业和人员的信用评级体系。（3）完善 R&D 支出信息披露制度，同时加大企业技术创新保护。

7.3　研究的局限性

受限于团队的科研水平和时间限制，本书难免还存在一些不足之处和需要改进的地方，具体表现在如下四方面：

（1）数据收集与整理。

本书第 5 章中宏观 R&D 支出是《中国统计年鉴》中的 R&D 支出，以季度 GNP 为权重分解得到的季度 R&D 支出，这种方法的科学性还有待商榷。为了消除价格因素和通货膨胀因素带来的影响，我们对分解后的季度 R&D 支出（RD）和季度货币政策（M0、M1 和 M2）以及金融机构贷款余额（Dkye）季度数进行了价格平减，也有学者对这种做法提出了不同看法。第 6 章中的微观企业 R&D 支出，选择了现金流量表中"支付的其他与经营活动有关的现金"附注中披露的研发费用，在实际操作中，由于各企业数据的披露内容和方式的不同，在数据收集时，有时还需要主观判断，因此难免出现偏差。同时由于数据手工收集工作量相当大，人为操作难免存在失误。

（2）变量选择与度量。

正如本书第 2 章所说，根据货币政策传导理论，货币政策主要通过货币渠道和信贷渠道。货币渠道主要有利率渠道、汇率渠道、托宾 Q 渠道和财富渠道；信贷渠道主要有资产负债表渠道和银行存款渠道。在进行本书第 5 章分析时，受限于数据收集难度，我们根据现有的研究成果，只考虑了利率渠道和银行信贷渠道，这可能会影响本书的说服力，我们会在后期的研究中将对这一个问题持续关注。第 6 章中的融资约束的度量方法有很多，本书只考虑综合融资约束指数，尽管综合约束指数可以较为全面地反映一个企业所面临外部融资约束的总体情况，但也可能会忽略某些特定因素的影响。此外，融资约束指数的度量方法也值得进一步商榷。

（3）研究方法的改进。

随着计量经济学的发展，新的实证研究方法层出不穷，比如考虑到本书的数据结构特点，是否可以采用层次分析法、两阶段分析法？新的研究方法的运用和旧的研究方法的改进都是我们值得思考和学习的问题。

（4）其他需要完善的地方。

本书涉及货币银行学、制度经济学、创新经济学和公司治理学等多科领域的交互研究，受笔者的能力及知识结构等因素的限制，本书在文献梳理、理论整合、方法运用、内容组织等方面尚存不少缺陷，需在后续研究中持续完善。

参考文献

[1] 蔡地, 万迪昉. 制度环境影响企业的研发投入吗?[J]. 科学学与科学技术管理, 2012, 33 (4): 121 - 128.

[2] 蔡竞, 董艳. 银行业竞争与企业创新——来自中国工业企业的经验证据 [J]. 金融研究, 2016 (11): 96 - 111.

[3] 曹献飞. 融资约束与企业研发投资——基于企业层面数据的实证研究 [J]. 软科学, 2014, 28 (12): 73 - 78.

[4] 曹永琴. 货币政策对不同规模企业的非对称效应研究 [J]. 上海金融, 2017 (6): 10 - 16.

[5] 常晋峪. 我国利率调整的投资效应分析 [J]. 上海金融, 1999 (8): 18 - 19.

[6] 陈艳. 经济危机、货币政策与企业投资行为——基于中国上市公司数据 [J]. 经济与管理研究, 2012 (11): 88 - 94.

[7] 陈胤默, 文雯, 孙乾坤, 黄雨婷. 货币政策、融资约束与企业对外直接投资 [J]. 投资研究, 2018, 37 (3): 4 - 23.

[8] 戴小勇, 成力为. 集团化经营方式与企业研发投资的配置效率 [J]. 改革, 2012 (12): 117 - 124.

[9] 戴小勇, 成力为. 金融发展对企业融资约束与研发投资的影响机理 [J]. 研究与发展管理, 2015, 27 (3): 25 - 33.

[10] 冯科. 货币政策无效的实证分析——基于 2003 ~ 2008 年的数据 [J]. 北京工商大学学报 (社会科学版), 2010, 25 (3): 42 - 47.

[11] 冯巍. 内部现金流量和企业投资——来自我国股票市场上市公司

财务报告的证据 [J]. 经济科学, 1999 (1)：52 – 58.

　[12] 付雯霖. 融资约束与制造业上市公司投资——现金流敏感性的实证研究 [D]. 贵州财经大学, 2018.

　[13] 高丽, 胡木生. 货币政策、融资约束与企业研发投入——来自沪深 A 股上市公司的经验证据 [J]. 会计之友, 2014 (27)：35 – 39.

　[14] 鞠晓生. 中国上市企业创新投资的融资来源与平滑机制 [J]. 世界经济. 2013 (4)：138 – 159.

　[15] 顾海峰, 刘丹丹. 中国汇率政策对货币政策的传导特征研究——数量型抑或价格型 [J]. 国际经贸探索, 2017, 33 (10)：94 – 112.

　[16] 顾群, 翟淑萍. 融资约束、代理成本与企业创新效率——来自上市高新技术企业的经验证据 [J]. 经济与管理研究, 2012 (5)：73 – 80.

　[17] 顾群, 翟淑萍. 融资约束、研发投资与资金来源——基于研发投资异质性的视角 [J]. 科学学与科学技术管理, 2014, 35 (3)：15 – 22.

　[18] 过新伟, 王曦. 融资约束、现金平滑与企业 R&D 投资——来自中国制造业上市公司的证据 [J]. 经济管理, 2014, 36 (8)：144 – 155.

　[19] 郝慧刚. 中国货币政策时滞研究——基于中美对比视角 [J]. 时代金融, 2019 (27)：1 – 2.

　[20] 何金耿, 丁加华. 上市公司投资决策行为的实证分析 [J]. 证券市场导报, 2001 (9)：44 – 47.

　[21] 何暑子. 跨国公司与东道国企业的研发博弈——市场规模的影响分析 [J]. 南大商学评论, 2012, 9 (1)：75 – 88.

　[22] 贺妍, 罗正英. 产权性质、投资机会与货币政策利率传导机制——来自上市公司投资行为的实证检验 [J]. 管理评论, 2017, 29 (11)：28 – 40.

　[23] 胡杰, 杜曼. 信贷市场、行业异质性与企业研发投入 [J]. 财经论丛, 2019 (7)：54 – 63.

　[24] 胡杰, 秦璐. 金融发展对企业 R&D 融资约束的影响研究——来自中国高新技术上市公司的经验证据 [J]. 河北经贸大学学报, 2013, 34

（5）：59 - 62 + 83.

［25］胡杰. 推行 QFII 制度对我国货币政策的影响 ［J］. 统计与决策，2009（8）：124 - 125.

［26］胡新明，彭方平. 流动性状态变化下货币政策组合的选择 ［J］. 广东财经大学学报，2018，33（5）：29 - 40.

［27］黄俊，陈信元. 集团化经营与企业研发投资——基于知识溢出与内部资本市场视角的分析 ［J］. 经济研究，2011，46（6）：80 - 92.

［28］黄志忠，钱晨，冯徐琼. 货币、税收政策对企业 R&D 投入的影响 ［J］. 证券市场报，2015（12）：15 - 20.

［29］贾丽平，贺之瑶，石浩明. 融资约束假说下投资效率异常与货币政策选择 ［J］. 经济社会体制比较，2017（3）：95 - 104.

［30］江静. 公共政策对企业创新支持的绩效——基于直接补贴与税收优惠的比较分析 ［J］. 科研管理. 2011，32（4）：1 - 8.

［31］李冬生，张玲红. 货币政策与研发投资：内部融资约束和外部融资约束 ［J］. 财会月刊，2016（27）：46 - 51.

［32］李广众. 中国的实际利率与投资分析 ［J］. 中山大学学报（社会科学版），2000（1）：89 - 95.

［33］李连军，戴经纬. 货币政策、会计稳健性与融资约束 ［J］. 审计与经济研究，2016，31（1）：75 - 82.

［34］李顺彬，田珺. 货币政策适度水平、融资约束与企业金融资产配置——对"蓄水池"与"替代"动机的再检验 ［J］. 金融经济学研究，2019，34（2）：3 - 13.

［35］李小美. 企业风险承担视角下货币政策对企业创新的影响研究 ［D］. 浙江财经大学，2018.

［36］连军，吴霞，刘星. 货币政策、财务冗余与企业 R&D 投资 ［J］. 贵州社会科学，2018（6）：50 - 58.

［37］连玉君，程建. 投资——现金流敏感性：融资约束还是代理成本？ ［J］. 财经研究，2007（2）：37 - 46.

［38］解维敏，唐清泉，陆姗姗 . 政府 R&D 资助，企业 R&D 支出与自主创新——来自中国上市公司的经验证据［J］. 金融研究，2009（6）：86 - 99.

［39］解维敏，方红星 . 金融发展、融资约束与企业研发投入［J］. 金融研究，2011（5）：171 - 183.

［40］刘金全，云航 . 规则性与相机选择性货币政策的作用机制分析［J］. 中国管理科学，2004（1）：2 - 8.

［41］刘金全，郑挺国 . 我国货币政策冲击对实际产出周期波动的非对称影响分析［J］. 数量经济技术经济研究，2006（10）：3 - 14.

［42］刘任重，曲修平 . 金融发展、企业 R&D 投资与融资约束［J］. 哈尔滨商业大学学报（社会科学版），2019（4）：3 - 12 + 28.

［43］刘胜强，常武斌 . 货币政策、会计稳健性与企业 R&D 投资——基于沪深 A 股上市公司的经验证据［J］. 华东经济管理，2016，30（7）：119 - 124.

［44］刘胜强，常武斌 . 货币政策、内部资本市场与 R&D 投资——现金流敏感性［J］. 软科学，2016，30（12）：6 - 10.

［45］刘胜强，周肖，刘三昌 . 货币政策、内部资本市场与 R&D 融资约束——基于我国上市公司的经验证据［J］. 当代经济管理，2017，39（8）：85 - 90.

［46］刘文琦，何宜庆，郑悦 . 金融深化、融资约束与企业研发投资——基于行业异质性视角的分析［J］. 江西社会科学，2018，38（12）：197 - 206.

［47］卢馨，郑阳飞，李建明 . 融资约束对企业 R&D 投资的影响研究——来自中国高新技术上市公司的经验证据［J］. 会计研究，2013（5）：51 - 58 + 96.

［48］鲁桐，党印 . 公司治理与技术创新：分行业比较［J］. 经济研究，2014（6）：115 - 128.

［49］陆军，舒元 . 长期货币中性：理论及其中国的实证［J］. 金融研究，2002（6）：32 - 40.

［50］罗正英，贺妍．融资约束、市场化进程与货币政策利率传导效应——基于我国上市公司投资行为的实证检验［J］．金融评论，2015，7（3）：75-92+125.

［51］光荣，刘明，杨恩艳．银行授信、信贷紧缩与企业研发［J］．金融研究，2014（7）：76-93.

［52］马国臣，李鑫，孙静．中国制造业上市公司投资——现金流高敏感性实证研究［J］．中国工业经济，2008（10）：109-118.

［53］马瑞华．从利率弹性看货币政策的扩张功能［J］．财经理论与实践，2002（S3）：20-23.

［54］欧阳易，万解秋．我国货币政策区域效应的比较研究——以江苏、安徽两省为例［J］．苏州大学学报（哲学社会科学版），2017，38（1）：101-107+192.

［55］彭方平，王少平．我国货币政策的微观效应——基于非线性光滑转换面板模型的实证研究［J］．金融研究，2007（9）：31-41.

［56］綦好东，曹伟，赵璨．货币政策、地方政府质量与企业融资约束——基于货币政策传导机制影响的研究［J］．财贸经济，2015（4）：32-45.

［57］钱雪松，杜立，马文涛．中国货币政策利率传导有效性研究：中介效应和体制内外差异［J］．管理世界，2015（11）：11-28+187.

［58］邱静．货币政策与我国上市企业投资效率研究［J］．财经理论与实践，2014，35（5）：34-39.

［59］饶品贵，姜国华．货币政策波动、银行信贷与会计稳健性［J］．金融研究，2011（3）：51-71.

［60］尚煜，王慧．利率作用不对称性对投资的影响研究［J］．经济问题，2008（11）：103-105.

［61］盛朝晖．中国货币政策传导渠道效应分析：1994-2004［J］．金融研究，2006（7）：22-29.

［62］盛松成，吴培新．中国货币政策的二元传导机制——"两中介目

标，两调控对象"模式研究 [J]. 经济研究，2008，43（10）：37 – 51.

[63] 孙骏可，罗正英，陈艳. 货币政策紧缩环境下风险投资对企业融资约束的影响——基于我国深交所中小板上市公司的经验证据 [J]. 金融评论，2019，11（3）：64 – 79 + 125.

[64] 唐清泉，巫岑. 银行业结构与企业创新活动的融资约束 [J]. 金融研究，2015（7）：116 – 134.

[65] 唐清泉，肖海莲. 融资约束与企业创新投资—现金流敏感性——基于企业 R&D 异质性视角 [J]. 南方经济，2012（11）：40 – 54.

[66] 汪红驹. 降低货币政策动态不一致性的理论方法 [J]. 经济学动态，2002（12）：81 – 85.

[67] 王超发，孙静春. 货币政策、不同企业的信贷约束和研发生产项目投资决策 [J]. 管理评论，2017，29（11）：17 – 27.

[68] 王雪，封思贤. 我国货币政策汇率传导机制的效率分析 [J]. 国际商务（对外经济贸易大学学报），2016（6）：117 – 127.

[69] 王振山，王志强. 我国货币政策传导途径的实证研究 [J]. 财经问题研究，2000（12）：60 – 63.

[70] 魏锋，刘星. 融资约束、不确定性对公司投资行为的影响 [J]. 经济科学，2004（2）：35 – 43.

[71] 魏刚. 融资约束与中国公司的研发投资效率 [J]. 科技管理研究，2016，36（21）：162 – 166.

[72] 吴菲，魏义俊. 利率调整对投资影响的实证分析 [J]. 华南金融研究，2000（1）：52 – 54.

[73] 温军，冯根福，刘志勇. 异质债务、企业规模与 R&D 投入 [J]. 金融研究，2011（1）：167 – 181.

[74] 文伟，杨小娟. 货币政策时滞问题实证分析 [J]. 系统工程，2010，28（7）：97 – 101.

[75] 夏冠军，陆根尧. 资本市场促进了高新技术企业研发投入吗——基于中国上市公司动态面板数据的证据 [J]. 科学学研究，2012，30（9）：

1370 – 1377.

[76] 肖虹，肖明芳．企业 R&D 投资的货币政策效应——基于 A 股上市公司的经验证据 [J]．现代管理科学，2014（3）：51 – 53．

[77] 肖强，张晓峒，司颖华．货币政策有效性及产业非对称性分析 [J]．商业研究，2014（4）：25 – 30．

[78] 肖卫国，刘杰．可预期与不可预期货币政策时滞的实证测度 [J]．统计研究，2013，30（12）：64 – 68．

[79] 谢军，黄志忠．宏观货币政策和区域金融发展程度对企业投资及其融资约束的影响 [J]．金融研究，2014（11）：64 – 78．

[80] 谢乔昕．货币政策冲击对企业 R&D 投入的影响研究 [J]．科学学研究，2017，35（1）：93 – 100．

[81] 熊广勤，刘庆玉．汇率变动、研发投资与经济增长 [J]．经济与管理，2008（1）：56 – 60．

[82] 熊广勤，周文锋．汇率升值对跨国公司研发投资的影响及其传导机制研究 [J]．宏观经济研究，2016（1）：101 – 108 + 129．

[83] 徐梅．中美贸易条件变化背景下的中国货币政策有效性研究 [J]．当代经济科学，2019，41（4）：28 – 37．

[84] 徐玉莲，王玉冬．创业板推出、企业融资约束与研发投入强度——基于创业板企业上市前后的数据检验 [J]．软科学，2015，29（8）：53 – 56．

[85] 许治，师萍．政府科技投入对企业 R&D 支出影响的实证分析 [J]．研究与发展管理，2005，17（3）：22 – 26．

[86] 杨兴全，尹兴强．谁受到了货币政策的有效调控？——基于上市公司投资行为的研究 [J]．会计研究，2017（4）：3 – 11 + 95．

[87] 杨洋，魏江，罗来军．谁在利用政府补贴进行创新？——所有制和要素市场扭曲的联合调节效应 [J]．管理世界，2015（1）：75 – 86．

[88] 叶康涛，祝继高．银根紧缩与信贷资源配置 [J]．管理世界，2009（1）：22 – 28 + 188．

[89] 战明华，应诚炜．利率市场化改革、企业产权异质与货币政策广

义信贷渠道的效应 [J]. 经济研究，2015，50（9）：114 – 126.

[90] 张朝洋，胡援成. 货币政策调整、公司融资约束与宏观审慎管理——来自中国上市公司的经验证据 [J]. 中国经济问题，2017（5）：107 – 119.

[91] 张成思. 货币政策传导机制：理论发展与现实选择 [J]. 金融评论，2011，3（1）：20 – 43 + 123 – 124.

[92] 张合金. 略论货币政策在扩大投资规模中的调节作用 [J]. 当代财经，2000（3）：42 – 46.

[93] 张辉，黄泽华. 我国货币政策利率传导机制的实证研究 [J]. 经济学动态，2011（3）：54 – 58.

[94] 张杰，芦哲，郑文平，陈志远. 融资约束、融资渠道与企业 R&D 投入 [J]. 世界经济，2012，35（10）：66 – 90.

[95] 张杰，刘元春，翟福昕，芦哲. 银行歧视、商业信用与企业发展 [J]. 世界经济，2013，36（9）：94 – 126.

[96] 张林，丁鑫，王佳. 货币政策、商业信用与研发投入——基于产权性质差异的实证研究 [J]. 商业研究，2018（4）：24 – 32.

[97] 张梦云，雷文妮，曹玉瑾，龚六堂. 信贷供给与经济波动：我国货币政策银行信贷渠道的微观检验 [J]. 宏观经济研究，2016（1）：59 – 72 + 120.

[98] 张前程，杨德才. 货币政策、投资者情绪与企业投资行为 [J]. 中央财经大学学报，2015（12）：57 – 68.

[99] 张永升，荣晨. 货币政策与房地产企业现金持有水平变化的实证 [J]. 统计与决策，2011（4）：121 – 123.

[100] 张云帆. 经济新常态下货币政策的对策建议研究 [J]. 中国市场，2019（18）：37 – 38.

[101] 赵君丽，吴建环. 离散性货币政策对高科技上市公司投资的影响 [J]. 统计与决策，2004（9）：60 – 61.

[102] 赵胜民，陈蒨. 利率市场化进程中货币政策信贷渠道的传导效

果 [J]. 当代经济科学, 2019, 41 (4): 109－117.

[103] 赵晓男, 张静, 曹云祥, 李洪梅. 基于 MSVAR 模型的货币政策非对称效应研究 [J]. 经济经纬, 2013 (5): 140－144.

[104] 赵岩, 林莉. 货币政策、研发投资与技术进步 [J]. 湖南财政经济学院学报, 2018, 34 (4): 93－100.

[105] 赵岩. 企业社会资本、融资约束与投资——现金流敏感性研究 [J]. 湖南财政经济学院学报, 2013, 29 (2): 77－84.

[106] 曾繁华, 彭中, 崔连翔, 孙清娟. 我国货币政策资产价格渠道传导有效性分析 [J]. 统计与决策, 2014 (9): 155－158.

[107] 钟凯, 程小可, 肖翔, 郑立东. 宏观经济政策影响企业创新投资吗——基于融资约束与融资来源视角的分析 [J]. 南开管理评论, 2017, 20 (6): 4－14＋63.

[108] 朱新蓉, 李虹含. 货币政策传导的企业资产负债表渠道有效吗——基于 2007～2013 中国数据的实证检验 [J]. 金融研究, 2013 (10): 15－27.

[109] 朱平芳, 徐伟民. 政府的科技激励政策对大中型工业企业 R&D 投入及其专利产出的影响——上海市的实证研究 [J]. 经济研究, 2003 (6): 45－53＋94.

[110] Akerlof G A. The Market for "Lemons": Quality Uncertainty and the Market Mechanism [J]. *Quarterly Journal of Economics*, 1970, 84 (3): 488－500.

[111] Amore M D, Schneider C and zaldokas A. Credit Supply and Corporate Innovation [J]. *Journal of Financial Economics*, 2013: 835－855.

[112] Arrow K. *The Rate and Direction of Inventive Activity: Economic and Social Factors* [M]. Princeton: Princeton University Press, 1962: 609－626.

[113] Atanasova C V and Wilson N. Disequilibrium in the UK Corporate Loan Market [J]. *Journal of Banking and Finance*, 2004, 28 (3): 595－614.

[114] Batnini N and Nelson E. *The Lag From Monetary Policy Actions to In-*

flation: *Friedman Revisited* ［M］. International Finance, Blackwell Publishing, 2001, 4 (3): 381 – 400.

［115］ Bernanke B and Gertler M. Agency Costs, Net Worth, and Business Fluctuations ［J］. *American Economic Review*, 1989, 79 (1): 14 – 31.

［116］ Bernanke B S and Gertler M. Inside the Black Box: The Credit Channel of Monetary Policy Transmission ［J］. *Journal of Economic Perspectives*, 1995, 9 (4): 27 – 48.

［117］ Binelli C, Maffioli A. A Micro – econometric Analysis of Public Support to Private R&D in Argentina ［J］. *International Review of Applied Economics*, 2007, 21 (3): 339 – 359.

［118］ Broadbent B and Barro R J. Central Bank Preferences and Macroeconomic Equilibrium ［J］. *Journal of Monetary Economics*, 1997, 39 (1).

［119］ Brown J R and Martinsson G. Petersen B C. Do financing constraints matter for R&D? ［J］. *European Economic Review*, 2012, 56 (8): 1512 – 1529.

［120］ Chava S, Oettl A, Subramanian A, et al. Banking Deregulation and Innovation ［J］. *Journal of Financial Economics*, 2013, 109 (3): 759 – 774.

［121］ Cooley T F and Quadrini V. Monetary policy and the Financial Decisions of Firms ［J］. *Economic Theory*, 2006, 27 (1): 243 – 270.

［122］ Coriat B and Weinstein O. Organizations, Firms and Institutions in the Generation of Innovation ［J］. *Research Policy*, 2002, 31 (2): 273 – 290.

［123］ Cover J P. Asymmetric Effects of Positive and Negative Money Supply Shocks ［J］. *The Quarterly Journal of Economics*, 1992, 107 (4): 1261 – 1282.

［124］ Czamitzki D and Licht G. Additionality of public R&D grants in a transition economy: the case of Eastern Germany ［J］. *Economics of Transition*, 2006, 14 (1): 101 – 131.

［125］ De Long B J and Summers L L. How Does Macroeconomic Policy Affect Output? ［J］. *Brooking Papers on Economic Activity*, 1988, 2 (2): 433 – 480.

［126］ Dirk C and Hanna H. R&D Investment and Financing Constraints of Small and Medium – Sized Firms ［J］. *Small Business Economics*, 2011, 36 (1): 65.

［127］ Doh S and Kim B. Government Support for SME Innovations in the Regional Industries: The Case of Government Financial Support Program in South Korea ［J］. *Research Policy*, 2014, 43 (9): 1557 – 1569.

［128］ Doraszelski U and Jaumandreu J. R&D and Productivity: Estimating Endogenous Productivity ［J］. *Review of Economic Studies*, 2013, 80 (4): 1338 – 1383.

［129］ Duchin R, et al. Costly External Finance, Corporate Investment, and the Subprime mortgage Credit Crisis ［J］. *Journal of Financial Economics*, 2009, 97 (3).

［130］ Faulkender M and Wang R. Corporate Financial Policy and the Value of Cash ［J］. *The Journal of Finance*, 2006, 61 (4): 1957 – 1990.

［131］ Fazzari S M, et al. Financing Constraints and Corporate Investment ［J］. *Brookings Papers on Economic Activity*, 1988, 1988 (1): 141 – 206.

［132］ Friedman M. *Studies in the Quantity of Money* ［M］. The University of Chicago Press, 1956.

［133］ García – Posada M and Marchetti M. The Bank Lending Channel of Unconventional Monetary Policy: The Impact of the VLTROs on Credit Supply in Spain ［J］. *Economic Modelling*, 2016: 58.

［134］ Gertler M and Gilchris S. The Role of Credit Market Imperfections in the Monetary Transmission Mechanism: Arguments and Evidence ［J］. *Scandinavian Journal of Economics*, 1993, 95 (1): 43.

［135］ Gertler M and Gilchrist S. Monetary policy, Business Cycles, and the Behavior of Small ［J］. *The Quarterly Journal of Economics*, 1994, 109 (2): 309 – 340.

［136］ Gorg H and Strobl E. The Effect of R&D Subsidies on Private R&D

[J]. *Economice*, 2007, 74 (294): 215 – 234.

[137] Grunberg E and Modigliani F. The Predictability of Social Events [J]. *Journal of Political Economy*, 1954, 62 (6): 465 – 478.

[138] Guariglia A and Poncet S. Could Financial Distortions be No Impediment to Economic Growth After All? Evidence From China [J]. *Journal of Comparative Economics*, 2008, 36 (4): 633 – 657.

[139] Haan W J, et al. Bank Loan Portfolios and the Monetary Transmission Mechanism [J]. *Journal of Monetary Economics*, 2006, 54 (3): 904 – 924.

[140] Hoshi T, Kashyap A and Scharfstein D. Corporate Structure, Liquidity, and Investment: Evidence from Japanese Industrial Groups [J]. *Quarterly Journal of Economics*, 1991, 106 (1): 33 – 60.

[141] Jaffee D M and Russell T. Imperfect Information, Uncertainty, and Credit Rationing [J]. *Quarterly Journal of Economics*, 1976, 90 (4): 651 – 666.

[142] Jefferson G H, Huamao Bs Jing G X, et al. R&D Performance in Chinese Industry [J]. *Economics of Innovation & New Technology*, 2006, 15 (4 – 5): 345 – 366.

[143] Jensen M C and Meckling W H. Theory of the Firm: Managerial Behavior, Agency Costs and Ownership Structure [J]. *Journal of Financial Economics*, 1976, 3 (4): 305 – 360.

[144] Kahle K M and Stulz R M. Access to Capital, Investment, and the Financial Crisis [J]. *Journal of Financial Economics*, 2013, 110 (2).

[145] Kalckreuth U P, et al. Vermeulen. Firm investment and monetary policy transmission in the euro area [J]. *Documentos de Trabajo*, 2001.

[146] Kanes D A and Siliverstovs B. R&D and Non – linear Productivity Growth [J]. *Research Policy*, 2016, 45 (3): 634 – 646.

[147] Kaplan S N, Zingales and Luigi. Do Investment – cash Flow Sensitivities Provide Useful Measures of Financing Constraints? [J]. *The Quarterly Journal*

of Economics, 1997, 12 (1): 169 – 169.

[148] Kashyap A K, Stein J C and Wilcox D W. Monetary Policy and Credit Conditions: Evidence From the Composition of External Finance [J]. *The American Economic Review*, 1993, 83 (1): 78 – 98.

[149] Kathleen M, et al. Access to Capital, Investment, and the Financial Crisis [J]. *Journal of Financial Economics*, 2013, 110 (2).

[150] Keynes J M. *The General Theory of Employment, Interest and Money* [M]. Harcourt, Brace, 1936.

[151] Kleer R. Government R&D Subsidies As A Signal For Private Investors [J]. *Research Policy*, 2010, 39 (10): 1361 – 1374.

[152] Korjczyk R A and Levy A. Capital Structure Choice: Macroeconomic Conditions and Financial Constraints [J]. *Journal of Financial Economics*, 2003 (68): 75 – 109.

[153] Lee C. The Differential Effects of Public R&D Support on Firm R&D: Theory and Evidence From Multi – country Data [J]. *Technovation*, 2011, 31 (5): 256 – 269.

[154] Leu S C and Sheen J. Asymmetric Monetary Policy in Australia [J]. *Economic Record*, 2006, 82 (1): S85 – S96.

[155] Mishkin F S. Does Anticipated Monetary Policy Matter? An Econometric Investigation [J]. *Journal of Political Economy*, 1982, 90 (1): 22 – 51.

[156] Mishkin F S. *The Economics of Money, Banking, and Financial Markets* [M]. Addison – Wesley, 1998.

[157] Moyen and Sahuc J G. Incorporating Labour Market Frictions Into An Optimising – based Monetary Policy Model [J]. *Economic Modelling*, 2004, 22 (1): 159 – 186.

[158] Myers S C and Majluf N S. Corporate Financing and Investment Decisions When Firms Have Information That Investors Do Not Have [J]. *Journal of*

Financial Economics, 1984, 13（2）: 187 – 221.

［159］ Nelson R R. The Simple Economics of Basic Scientific Research ［J］. *Journal of Political Economy*, 1959, 67（3）: 297 – 306.

［160］ OECD. *Frascati Manual* 2002: *Proposed Standard Practice for Surveys on Research and Experimental Development* ［M］. Paris: OECD Publishing, 2002.

［161］ Oliner S D and Rudebusch G D. Is There ABroad Credit Channel For Monetary Policy? ［J］. *Economic Review*, 1996（1）: 3.

［162］ Rapoport P F R. Is the Distinction Between Anticipated and Unanticipated Money Growth Relevant in Explaining Aggregate Output? ［J］. *American Economic Review*, September, 1987（8）: 127 – 143.

［163］ Santamaria L, Barge – Gil A and Modrego A. Public Selection and Financing of R&D Cooperative Projects: Credit Versus Subsidy Funding ［J］. *Research Policy*, 2010, 39（4）: 549 – 563.

［164］ Sims C A. Money, Income and Causality ［J］. *American Economic Review*, 1972, 62（4）: 540 – 542.

［165］ Stiglitz J E and Weiss A. Credit Rationing in Markets With Imperfect Information ［J］. *American Economic Review*, 1981, 71（3）: 393 – 410.

［166］ Sun X, Wang Y and Li M. The Influences of Different R&D Types on Productivity Growth in OECD Countries ［J］. *Technology Analysis & Strategic Management*, 2016, 28（6）: 651 – 663.

［167］ Takalo T and Tanayama T. Adverse Selection and Financing of Innovation: Is There a Need For R&D Subsidies? ［J］. *Journal of Technology Transfer*, 2010, 35（1）: 16 – 41.

［168］ Watson R and Wilson N. Small and Medium Size Enterprise Financing: A Note on Some of the Empirical Implications of a Pecking Order ［J］. *Journal of Business Finance and Accounting*, 2002, 29（3 – 4）: 557 – 578.

［169］ Wicksell K. *Interest and Prices* ［M］. Macmillan and Co. Ltd, 1936.